日本道路的功能性思考及附属设施

孙宝芸 著

合肥工業大學出版社

图书在版编目(CIP)数据

日本道路的功能性思考及附属设施/孙宝芸著 . —合肥:合肥工业大学出版社,2017. 10

ISBN 978 - 7 - 5650 - 3604 - 0

Ⅰ. ①日…　Ⅱ. ①孙…　Ⅲ. ①道路工程—设计—研究—日本　Ⅳ. ①U412

中国版本图书馆 CIP 数据核字(2017)第 242575 号

日本道路的功能性思考及附属设施

孙宝芸　著　　　　责任编辑　马成勋

出　版	合肥工业大学出版社	版　次	2017 年 10 月第 1 版
地　址	合肥市屯溪路 193 号	印　次	2017 年 10 月第 1 次印刷
邮　编	230009	开　本	787 毫米×1092 毫米　1/16
电　话	理工编辑部:0551 - 62903200	印　张	8. 5
	市场营销部:0551 - 62903198	字　数	210 千字
网　址	www. hfutpress. com. cn	印　刷	安徽昶颉包装印务有限责任公司
E-mail	hfutpress@163. com	发　行	全国新华书店

ISBN 978 - 7 - 5650 - 3604 - 0　　　　定价: 25. 00 元

前　言

自改革开放以来，中国的道路建设取得了巨大成就。截至2016年底，国内公路总里程已达469.63万公里，其中高速公路里程13.1万公里。“一带一路”是国家级重要顶层战略规划，它为道路基础设施建设的飞速发展提供了重要机会。“一带一路”建设，交通运输要先行。目前，国内的道路建设仍处于高速发展的阶段，因此道路的快速发展也对道路设计技术提出了更高的要求。

目前，国内道路的设计理念和设计方法，虽已有丰富的实践经验，但还没有充分考虑道路的功能性及地域性，所设计的道路还不能达到最优化。因此，有必要积极借鉴国外道路设计的新思路和新理念。日本与我国同处亚洲，属近邻。由于历史和地理等因素，日本在自然环境、人口特征、文化传统、风俗习惯等方面都与我国有相似之处。日本的道路设计在注重道路功能性研究的同时，强调道路的细节设计，并鼓励设计者在设计时，创造性地采用标准和规范，更好地提出合理的解决方案。这些先进的设计理念和方法，值得学习和借鉴。

为此，本书以2004年版日本道路构造法为基础，从道路的功能与作用及不同功能所要求的道路构造特点出发，对不同地区的道路构造、道路规划与设计中的注意事项、道路的分类分级及道路交通附属设施等方面的设计要求进行了详细分析。本书具有如下特点：(1)充分分析道路的功能及作用，道路功能性的思考指导了道路的横断面、线形设计、自行车道及人行道、道路构造物和附属设施设置等各个方面；(2)考虑道路所处的地区地形、地质条件、气象等情况及道路的交通状况等，在保证道路交通畅通的同时，考虑道路的安全性和空间功能要求；(3)通过道路的功能性思考、灵活设计以及创新设计实现安全、环保、经济、舒适、美观的道路设计目标；(4)考虑道路的多功能性要求，体现“人本位”的设计思想，考虑各类出行者，如老人、儿童，残疾人的通行、进出和停留等交通功能及空间功能。

全书由沈阳建筑大学孙宝芸编写和统稿。沈阳建筑大学隋伟宁负责收集日本道路设计的相关资料及文字整理工作，董雷负责文字编辑及校对工作，王占飞负责图表整理及排版工作。本书得到了沈阳建筑大学交通工程学院专著、编译著专项资金的支持，特此感谢，并向给予本书支持的同仁致以衷心的感谢。

本书可以作为高等院校相关专业道路设计知识方面的参考资料，也可供从事道路工程、交通工程以及相关行业的设计、施工、科研及教学人员参考和使用。

由于编者水平有限，书中谬误在所难免，敬请读者指正。

孙宝芸

2017年10月

目　录

第 1 章　概　述

1.1　道路的功能与作用

1.1.1　道路的基本作用

道路是每个人都要使用的基础设施之一，不仅有利于国土的利用、开发和安全保障，同时也与道路沿线人们的生活密不可分。道路有以下的作用：

(1)促进社会经济发展和提高国民生活水平

道路是交通网的主要部分，也是人车移动、物资运输不可缺少的社会基础设施。在促进社会和经济的发展、国民生活水平提高等方面，发挥了巨大的作用。

(2)起到形成公共空间的作用

道路形成城市框架，同时也提供了防灾空间和各种公共公益设施的容纳空间。道路对公共空间的形成起到了巨大的作用。

因此，在道路的规划与设计中，为道路使用者提供必要的道路功能，也要充分考虑道路所提供的公共空间的作用。

1.1.2　道路具有的功能

道路有交通和空间两个功能(如图 1-1 所示)。

交通功能是道路应具有的基本功能。其中包括机动车、行人和自行车等安全、舒适、灵活的通行功能，容易进出沿线设施的进出功能，机动车停车和行人停留的滞留功能。

空间功能包括形成城市框架和促进道路沿线土地利用、防止火灾蔓延等的防灾空间、形成景观绿化和保护沿线环境等的环境空间、交通设施和生命线(上下水的供给和处理设施)设施等的容纳空间。

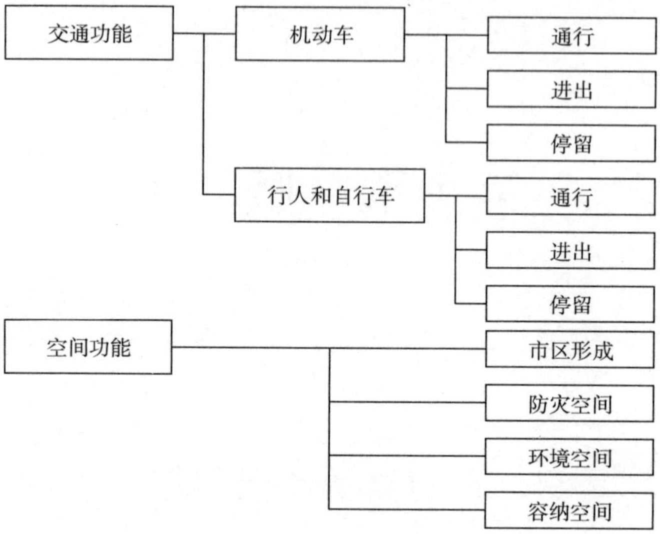

图 1－1　道路功能

1.2　道路规划设计的基本原则

1.2.1　重视道路的多功能性

1. 道路规划设计思路的转变

以前经济快速增长、车辆急速增加，当时的道路规划与设计是在这样的背景下进行的。因此，当时的道路规划与设计主要考虑的是车辆交通，而没有充分考虑行人和自行车的使用，也没有考虑道路的公共空间功能。随着国民需求的多样化，社会经济状况发生了很大变化。为了使道路适应多种需求，必须从道路的所有使用者角度出发，充分考虑道路的多种功能和作用，在此基础上进行道路的规划与设计。道路规划与设计思路的转变，如图 1－2 所示。

2. 重视多功能的道路规划与设计

今后的道路规划与设计中，要重点对道路的特征和该道路所需要的功能进行综合讨论，考虑儿童、老人等所有道路使用者的通行、进出和停留等交通功能和市区的形成、防灾空间、环境空间和容纳空间等空间功能。

道路的规划与设计必须从以机动车交通为中心的思路向重视道路多功能性的思路转变，即重视为孩子、老人等所有道路使用者提供通行、进出、停留功能和公共空间功能的道路基础设施。因此，在确定道路构造时，为了设置多功能的道路交通体系，在保证机动车交通功能的基础上，也必须重视行人和自行车的交通功能和空间功能。

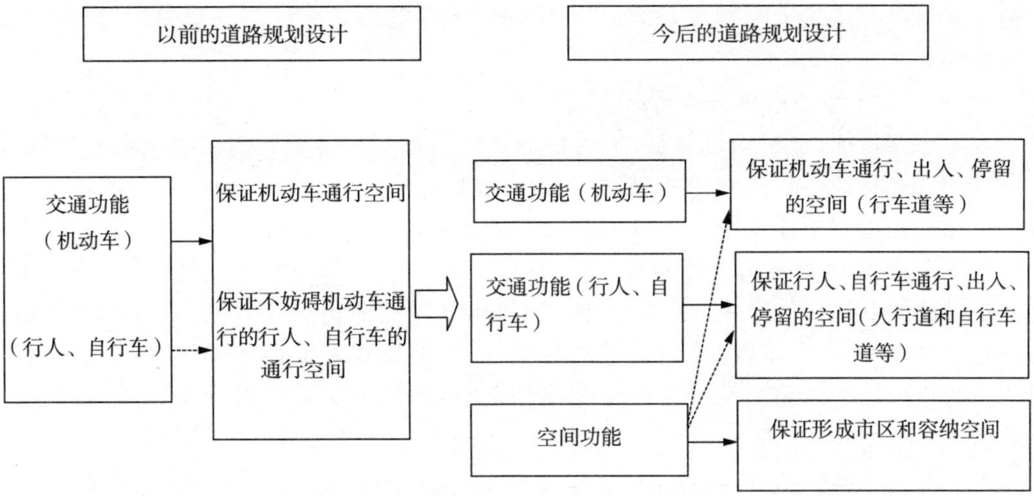

图 1－2 道路规划设计思路的转变

1.2.2 根据各地区所需功能灵活设计道路设施

1. 根据各地区情况明确该地区应该重视的道路功能

在道路进行规划与设计时，应综合考虑该地区居民和道路使用者的各种需求以及地形、自然环境、积雪寒冷天气等的条件限制。因此，道路的规划与设计要考虑道路的特征和地区的实际情况，在多种道路功能中明确该道路应该重视的功能，在此基础上采用适合该地区的道路构造。

2. 根据各地区实际情况灵活运用道路构造法令

以前道路的规划与设计中，所有的道路均采用全国统一规定的最小值、标准值来确定道路的构造。现在道路的规划与设计要考虑每条道路的特征、地区的实际需要和各种条件的制约，综合讨论适合该地区实际情况的道路所需的功能，根据道路的功能进行道路构造的设计。因此，在考虑道路构造法令要求的基础上，按地区实际需求，灵活设计道路设施。

因此，道路在进行规划与设计时，要考虑地区的实际情况，在该道路中明确应该重视的功能，在此基础上，采用适应该地区的道路构造。对于道路构造的标准，不应该是全国统一运用一个标准，而是要根据地区的实际情况，考虑道路所要求的功能，以地区为基础灵活运用道路构造法令。

1.3 确定道路构造的过程

1.3.1 确定道路构造的流程

道路构造的确定要充分考虑道路所具有的各种功能，在此基础上，结合道路所在地区的实际情况确定该道路所需要的功能，根据所需功能确定该道路的道路构造。确定道路构造的基本流程如图 1－3 所示。

1. 根据道路特征明确道路的必要功能

考虑道路特征（包括地区特征、交通特征和网络特征），明确各道路所具有的车辆、行人、自行车的通行功能、进出功能、停留功能以及形成市区和环境空间等的空间功能。在确定道路功能过程中要考虑为所有道路使用者提供服务。

2. 保证道路功能确定道路构造

在道路的规划与设计中，要综合讨论如何保证道路所需的必要功能。同时，应综合考虑各种制约条件、经济性、建设设施的紧迫性、道路使用者的需求等地区的实际情况，采用适合该地区的道路构造。在确定道路构造时，要以地区的需求为基础，灵活运用道路构造法令。

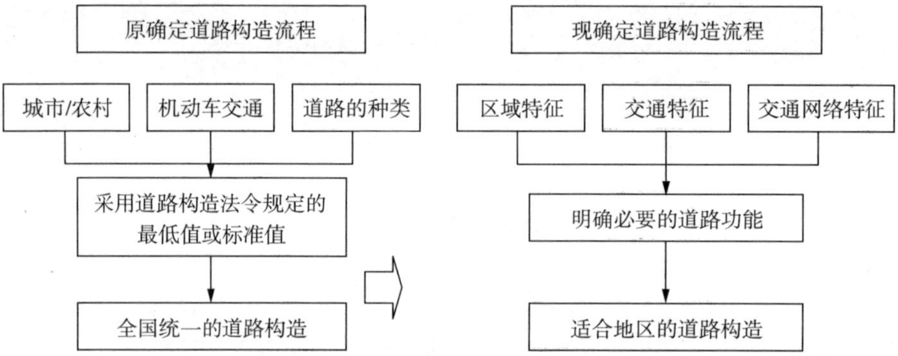

图 1－3　确定道路构造流程

1.3.2　根据道路特征明确道路的必要功能

道路的特征包括地区特征、交通特征和网络特征。每条道路在规划设计时都应该充分考虑道路的特征，同时，综合考虑该道路所需要保证的功能。确定道路构造时，也应该考虑可能阻碍道路功能的交通事故、灾害、积雪等情况以及机动车交通所带来的环境污染等问题。要考虑的道路特征主要有：

1. 地区特征

地区特征主要包括沿线土地利用、天气条件、地形条件、风土人情、历史文化、环境社会福祉、灾害、公共交通、生命线（信息通信设施、上下水的供给等）、景观、城市建设的现状和规划等。要结合市区形成、防灾、保护环境、容纳等的空间功能以及山区地形情况、冬季天气条件下通行等的交通功能，综合讨论道路所必需的功能。

2. 交通特征

交通特征包括机动车交通量、行人交通量、自行车交通量以及机动车类型、出行距离、交通量变化特征、速度分布、老年人及残疾人等行人的交通特性、并排行走、休息等行人利用道路的形态等。在此基础上，讨论机动车、行人、自行车各自所需要的通行、进出、停留等功能。

3. 网络特征

网络特征指的是该道路在全国地域和城市的交通网中所处的位置。

道路的交通网络规划，一般有区域道路网规划和城市道路网规划。无论是负责大区域交通的主要干线道路还是负责地区交通的地区道路，无论是联络什么样地区、据点的道路，都会在道路网中处于一定的位置。对于行人和自行车的通行空间网络规划，要考虑老年人、残疾人等的方便通行的行人利用空间网络规划和自行车利用空间网络规划。在这些规划中，为了确保行人和自行车安全方便通行的交通空间，应该确定该道路在交通网中的位置。

考虑以上道路的特征，根据该道路在机动车、行人、自行车的通行、进出和停留等各功能中应该重视的功能确定道路的构造。

1.3.3　保证道路功能确定道路构造

一般情况下，道路采用的道路构造应该满足该道路所需要的道路功能，但是当情况比较困难时，比较道路所需各功能的重要性，判断出该道路应该重视的功能，在此基础上，确定应该采用的道路构造。

考虑道路的基本功能，即道路的交通功能的各重要性，明确该道路应更重视通行、进出还是停留功能，参考表 1－1。在道路进行规划与设计时，需要调整道路功能时，以表1－1 所示的道路分类为基础，讨论该道路所需的必要的功能。在多功能道路规划与设计中，根据道路特征、功能，综合判断确定相应的道路构造。

表 1－1　道路分类与重视的交通功能

道路分类		重视交通功能					
		机动车交通功能			行人交通功能		
		通行	进出	停留	通行	进出	停留
机动车专用道	强调机动车通行功能，完全限制进出的道路（高等级干线道路等）	◎	×	×	×	×	×
重视机动车通行功能的道路	重视机动车通行功能，部分限制进出的道路（地方高等级道路等）	◎	△	△	△	△	△
多种功能道路	机动车通行功能、进出、停留等交通功能的道路（城市干线道路等）	○	○	○	○	○	○
重视行人通行的道路	与机动车通行功能相比，更重视行人等交通功能的道路（人车共存道路，社区道路）	△	○	○	◎	◎	◎
行人自行车专用道路	限制机动车通行，专供行人和自行车通行的道路	×	×	×	◎	◎	◎

注：(1)◎表示重视该功能，该功能优先；○表示有该功能；△表示功能小，限制该功能；×表示没有该功能；

(2)《新时代道路姿态》(1994 年 11 月道路审查答辩会)。

1.3.4 保证道路功能的横断面组成要素

1. 考虑道路功能的横断面组成

(1)横断面组成要素与宽度

对于横断面设计应根据道路种类及交通量等,保证道路的通行功能。道路的横断面组成以及各部分组成的宽度要能够保证道路的通行功能。同时,道路的横断面组成与尺寸还要考虑该道路所在地区的具体情况和特征,保证道路与沿线设施的出入功能、停车功能、聊天逗留功能以及景观绿化等环境空间功能。道路的总宽度是由这些构成要素宽度的总和来确定的。根据道路功能确定道路横断面构成及尺寸的流程如图 1－4 所示。

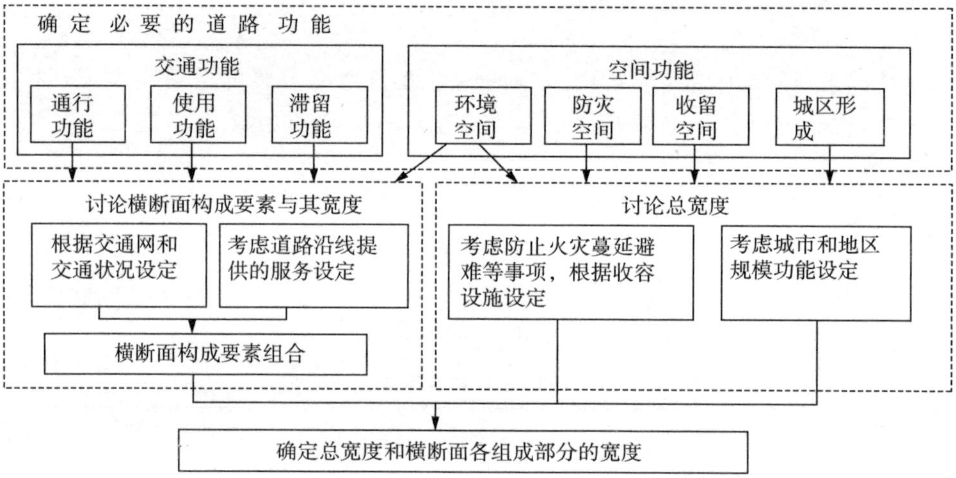

图 1－4 根据道路功能确定横断面构成的过程

(2)道路总宽度的确定

确定道路横断面各组成部分的宽度要保证防止火灾蔓延等所需要的防火空间和生命线工程等所需要的容纳空间以及通风采光等所需要的环境空间的功能要求。同时,道路宽度的确定还要考虑城市框架的形成,考虑城市及地区的规模、功能等。为了保证道路的功能,把道路的总宽度按照比例分到横断面的各组成部分中去。

(3)根据道路功能确定横断面的构成

在确定道路横断面的宽度时,道路的总宽度要考虑交通功能和环境空间功能所需要的道路宽度的总和。确定道路宽度是否能够满足所需的必要的空间功能,如果不能满足所需的功能,需要调整其宽度。综合考虑后,确定道路的总宽度和各组成要素的宽度。

对已有道路进行改建时,通过在有限的道路空间中调整横断面各组成要素的宽度,使其尽可能保证必要的道路功能。如果由于空间等条件的制约,道路宽度不能保证必要的功能时,要考虑与该道路相邻的其他道路是否能够分担一部分功能,以重新确定该道路应有的功能要求。

2. 横断面各组成部分及其组合形式

道路横断面的组成及组合形式如图 1－5 所示。各个组成部分宽度的标准值、最小值以及是否可以省略等规定，在《日本道路设计现状》一书中有详细叙述。

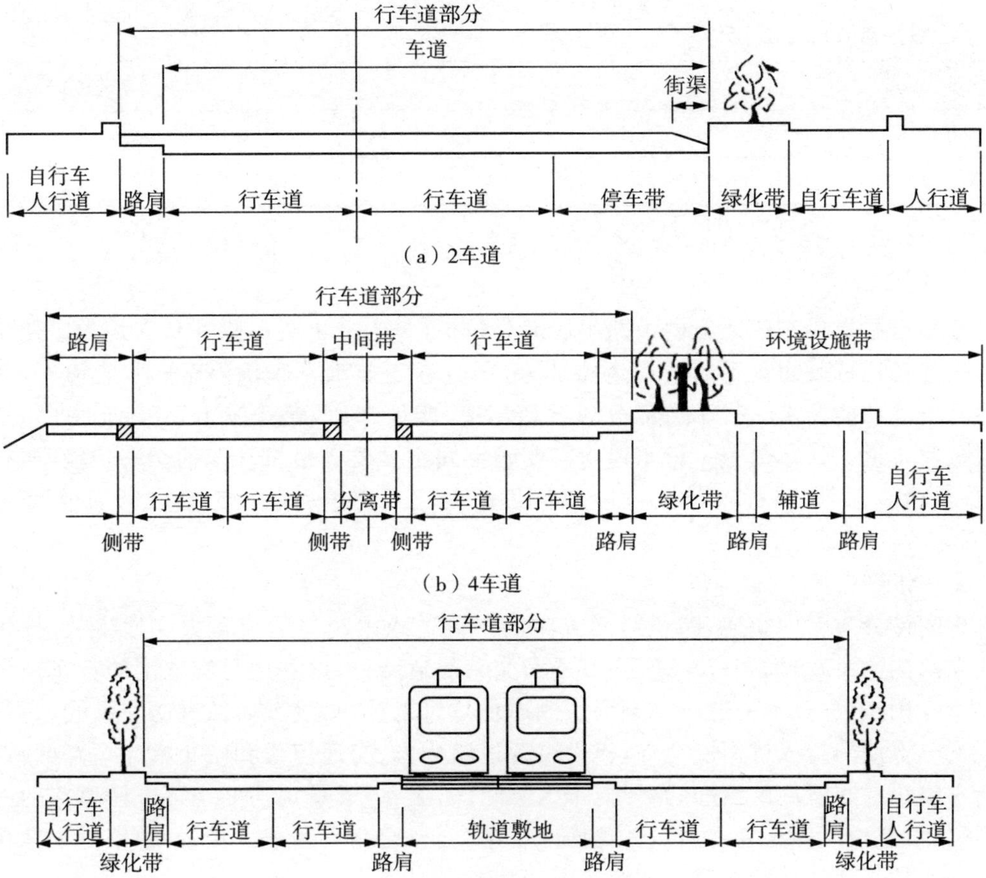

（a）2车道

（b）4车道

（c）敷设轨道时

图 1－5　横断面各部分组成及其组合的实例

(1)道路横断面的组成与道路功能之间的关系

在确定道路横断面的宽度时，要考虑每一个组成部分所具有的交通功能和空间功能，见表 1－2。

表 1－2　横断面的组成部分及宽度所考虑的交通功能与空间功能情况

道路的功能 / 横断面的构成要素	交通功能	空间功能
车道(由车道组成的道路部分)	○	
中间带	○	○
路肩	○	
停车带	○	○
人行道，自行车行人混用道和自行车道	○	○

（续表）

横断面的构成要素 \ 道路的功能	交通功能	空间功能
绿化带	○	○
辅助道路	○	○
轨道用地	○	○

注：○表示应该考虑。

① 行车道

行车道是提供车辆通行的道路组成部分（自行车等非机动车除外），它是为了使机动车安全顺畅地行驶而设置的带状道路部分，同时它还要满足车辆停车和紧急停车、保证沿线进出等功能要求。行车道部分包含超车道、爬坡车道、转弯车道、变速车道（包括加速或减速车道）、让车道等。行车道所需要的空间主要要满足机动车的交通功能（通行功能、进出功能）。道路行车道的宽度和数量是根据道路的种类、交通量、设计速度等确定的。

② 中间带

中间带分离对向交通，防止对面方向的车辆进入本车道造成重大交通事故；提供行车所需的侧向余宽，提高行车速度；有平面交叉的道路，可以利用足够宽度的行车道设置右转弯专用车道（日本的通行规则为左侧通行）；可以植树、设置防眩网防止眩光；为行人提供安全方便的行人过街安全岛；提供设置道路标志、交通信号和防止横穿马路的行人、自行车隔离栏等设施的空间；是形成市区空间、防灾、形成景观功能等标志性道路的一部分；可以设置地下停车场出入口和地面停车场；增加道路空间减少噪音、种植树木净化空气从而保护生活环境功能和形成绿色空间功能。

所以在确定中间带宽度时，要综合考虑道路的种类、交通量、道路所在地区等交通功能以及防止火灾蔓延、绿化、景观、交通设施设置等空间功能。

③ 路肩

路肩是为了保护道路的主要结构部分，发挥车道作用而设置在车道、人行道、自行车道及自行车人行道边缘的带状部分。路肩可以保护与车道、人行道、自行车道或者自行车行人混合道连接的道路的主体结构部分；可以为故障车辆避开原行车道提供行车空间，以防止发生交通事故和交通混乱；作为道路的侧向富余宽度，其能够保证交通的安全性和舒适性；提供路上设施的设置空间；为道路维护作业及地下埋设物提供空间；能明显增加挖方部分的曲线路段的视距，所以能够提高交通的安全性；在道路维护方面，设置路肩能够使道路更加美观；人行道较少的道路上，路肩能够为行人和自行车提供通行空间。

在上述功能中，前三项最为重要。决定路肩的形式、路面的宽度时，只要考虑了这3项内容就能获得合理的路肩设计。路肩的宽度由道路的种类、交通量、停留车辆的种类等确定。

④ 停车带

城市之间的道路和城市道路无论有无出入限制，都有停车的需要。但是停车的目的因道路情况的不同而不同，城市之间道路上的停车(特别是出入限制的机动车专用道路)主要是指故障车辆为了避让行车道而停车，城市道路停车主要是为了进出沿线道路或建筑而出现的停车。

停车带是车辆停车等机动车交通功能(进出功能)所需要的空间，同时也提供了形成市区空间等空间功能的空间。确定停车带的宽度要考虑道路的种类、交通量、停车车辆等交通功能，也要考虑为了沿线道路的利用提供的停车空间等功能。

⑤ 人行道、自行车行人混用道和自行车道

人行道和自行车道不仅具有通行、与沿线设施连通、提供行人滞留空间等交通功能，还具有形成街市街区及环境空间等空间功能。一般情况下，交通功能是通过将机动车的空间与行人、自行车的空间分别独立设置来实现的；空间功能是通过考虑道路总体来保证的，所以考虑道路总体的平衡很重要。

通过将行人、自行车从机动车中分离开来，达到提高行人、自行车的通行安全性，防止行驶速度较低的自行车在机动车道上行驶而影响机动车道的交通容量及机动车的行驶速度，保证机动车交通顺畅的目的。同时，人行道、自行车道同时具有提供行人等待信号灯、等待公交车和交谈等滞留空间的功能。

人行道、自行车道等包括在道路整体中，除了能形成良好的街区环境外，对于单独设置的人行道和自行车道等，还能够通过提供植树空间等，形成良好的环境空间，同时为电话亭和邮筒等提供所需占用的空间。

所以确定人行道、自行车行人混用道和自行车道的宽度，要考虑道路的种类、交通量、通行状态等交通功能和避难、采光、景观形成、生命线工程的容纳等空间功能。

⑥ 绿化带

绿化带具有可以将不同种类的交通(如行人交通、自行车交通和机动车交通)进行分离，可以提高交通的安全性和舒适性；形成天然绿荫效果，为道路使用者提供舒适的空间；引导驾驶员视线，使道路使用者确认所处场所；防止对面车前灯照射时产生眩光；缓和由于误驾驶操作引起的机动车脱离原行驶路线时产生的撞击；减少风的强度，防止沙尘、雪花的飞散；净化空气、缓解大气污染，降低由于道路交通产生的噪音等功能。

所以，确定绿化带的宽度要考虑道路的种类、地区划分等交通功能和街区形成，以及防止火灾蔓延、景观形成、保证安全的生活环境等空间功能。

⑦ 辅助道路

辅助道路是进出沿线设施等机动车交通功能所需要的空间，同时也是提供形成市区空间等空间功能的空间。要考虑交通量、停车需要、大型车辆的通行等交通功能，也要考虑为了地区开发和沿线设施的利用提供的停车空间等空间功能来确定辅助道路的宽度。

⑧ 路面电车通行空间

路面电车通行空间是专为路面电车提供通行的道路部分，是路面电车通行所需要的空间。要考虑轨道的单线和复线及容纳空间等空间功能来确定路面电车通行空间的宽度。

(2)缩小规定宽度的特殊情况

在不得已的情况下，需要减少横断面各组成部分的宽度时，应该尽量减少对交通安全性和通行的影响。在这种情况下，应首先考虑缩小中间带、绿化带、路肩和停车带的宽度，最后再考虑缩小车道宽度。对于自行车道、自行车行人混用道和人行道，应该考虑自行车和行人交通，与行车道部分分别进行考虑和判断，决定是否减少自行车道、自行车行人混用道和人行道的宽度。

1.4 道路构造法令的运用

1.4.1 道路构造法令各规定的特点

确定道路的构造既要符合全国统一的标准，又要根据地区情况考虑其灵活性，在规定道路构造标准时要考虑一定的运用范围。具体地讲，有规定的最小值，可以采用大于最小值的规定；有规定的标准值，可以采用标准值上下数值的规定；在不得已时也可以采用规定的特例值。需要注意的是，特例值的规定是考虑大型隧道、桥梁以及特定交通状况时，考虑安全性进行的限值规定（中央带、路肩等）。因此，在确定道路构造时，应该灵活运用相关规定。道路构造法令的基本规定与特例规定见表1-3。

1.4.2 灵活运用道路构造法令的情况

如下情况可以考虑灵活运用道路构造法令各规定：

（1）当根据地区实际情况不能按照道路构造法令中的最小值进行选取时，宜根据实际情况采用适当的要素和数值确定道路构造；

（2）在道路构造法令范围内，根据地区实际情况灵活运用特例规定，考虑经济性，采用必要的最低限值的情况。

表1-3 道路构造法令的基本规定与特例规定

项目	基本规定	特例规定
道路划分	根据该道路所在地区、道路种类和交通量，划分道路的等级	可以根据需要考虑降一个等级
设计车辆	在普通道路中，根据道路等级考虑小型车辆、普通车辆、单轴挂车的通行	在小型道路中，只考虑小型车辆等（长6m，宽2m，高2.8m）通行
车道	根据道路等级的划分确定	第1类第1、2级，第3类第2级，第4类第1级普通道路，可以在规定的数值中加宽0.25m；在第1类第2、3级小型道路和第2类第1级道路，在规定的数值中缩小0.25m

（续表）

项目	基本规定	特例规定
中央带	第 1、2 类，第 3 类第 1 级道路上下行分离，其他 4 车道以上道路根据需要上下行分离	第 1 类 2 车道的道路中可以采取上下行不分离的道路构造
	根据道路划分采用大于规定的数值	可以缩小到特例值
人行道	第 4 类（除 4 级道路外）道路，行人交通量多的第 3 类道路在两侧设置人行道	人行道可以只在一侧设置或者不设置
	人行道宽，行人交通量多的道路大于 3.5m，其他道路大于 2m	人行道宽度可以根据该道路行人交通量状况确定
设计速度	根据道路划分确定设计速度	可以降低 10～20km/h 的设计速度
纵坡	根据道路等级划分和设计速度采用小于规定的数值	可以增大到特例值
小区间改建		进行小区间改建时，可以不采用所规定的数值（中央带、人行道宽度、曲线半径、竖曲线等）

注：特例规定是指由于地形状况、其他特殊原因和交通状况不得已时所进行的规定。

1.4.3　灵活运用道路构造法令的注意事项

灵活应用道路构造法令各项规定时应注意以下内容：

(1)确实是根据地区道路的需要而灵活运用道路构造法令，并不是为了建设施工等的简单化。

(2)关于安全性的规定，不应该为了经济和方便而降低标准要求。

(3)道路构造法令适用于已经完成的道路构造。施工时或者阶段性建设的临时性道路构造并不一定需要符合道路构造法令中的规定。特别是临时的道路构造，以道路构造法令为基础，必须要采用满足当前道路功能要求的道路构造。

1.4.4　灵活运用道路构造法令的相关实例

采用适应于地区状况的道路构造，灵活运用道路构造法令的例子如下：

1. 城市标志性道路设施

在城市标志性道路中，为了充分体现停留和景观等空间功能，中央带、人行道和绿化植树带的宽度可以采用远大于规定的标准值或最小值（如图 1－6 所示）。

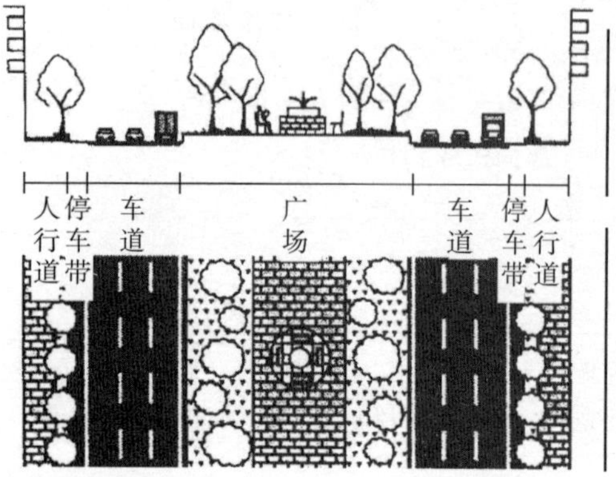

a）

b）（名古屋市　久屋大道）
出自道路绿化协会[道路，绿色，景观]

图 1－6　城市标志性道路的示例

一般情况下，设定人行道、自行车道的宽度时可以考虑行人和自行车的交通功能的而定。但是，位于城市中心区的标志性道路等需要保证良好的城市空间，要结合空间功能来确定其宽度。在考虑空间功能的过程中，可以只对人行道、自行车道单独设置其空间功能，也可以对包含机动车的道路整体设置空间功能。但是，考虑空间功能设置道路宽度时，一般情况下可能会增大道路的整体宽度，这就需要在某一确定的道路全宽中考虑人行道、自行车道等的宽度平衡，设置宽阔的人行道、自行车道等（如图 1－7 所示）。

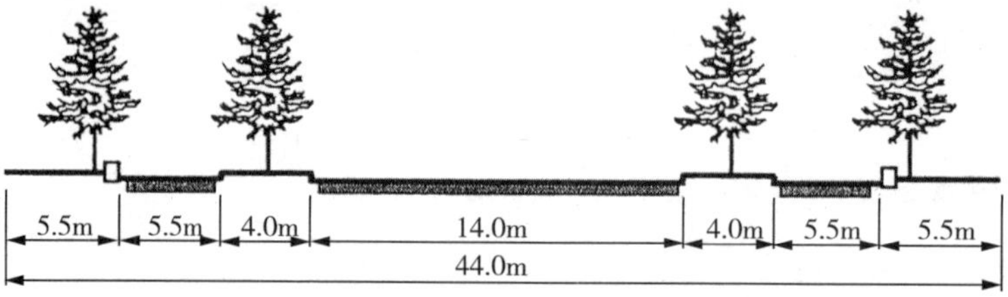

图 1－7　考虑空间功能设置道路宽度（大阪市　御堂筋）

市中心干线道路上设置的绿化带能够保证安全和舒适的通行环境，在道路空间功能上有形成良好景观的重要作用，同时对减少噪音和净化空气起到重要作用。特别是在比较繁华的中心地区的道路、与城市繁华地点相连接的道路、城市或地区的轴心道路，从根据地区特点保证空间功能的角度出发应该使用宽阔的路面宽度，因此，绿化带宽度也应该比道路构造法令规定的标准值宽。并且绿化带的植被也要在满足保护沿线道路环境和配合沿线景观作用的基础上来设计种植地点和种植形式，需要对树种的构成加以考虑（如图 1－8 所示）。

2. 适应地区实际情况的人行道设施

在城市道路中，设置人行道不仅仅满足行人通行空间的要求，对城市景观的形成、生命线工程的容纳、沿线道路的进出等都发挥着重要的作用。即使在乡村干线道路中，行人较多时，为了保证行人的通行安全也有必要设置人行道。除此之外，即使在行人较少的地区，如果道路处于机动车交通量非常多的地方，儿童、幼儿园的通学道路上，住宅区

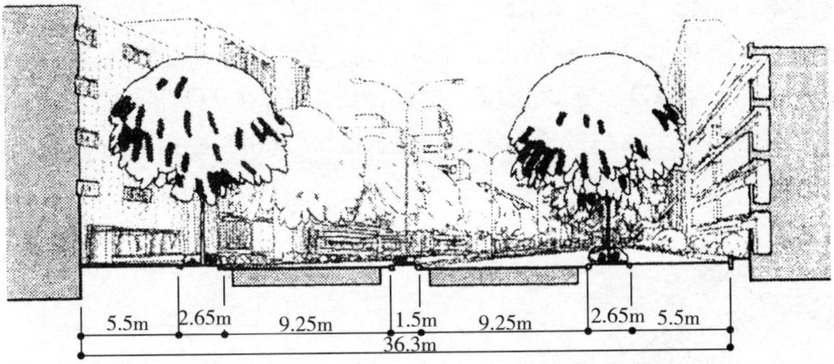

注：出自《街道景观设计》（土木学会编）

图 1-8　市中心绿化带实例(东京都)

等行人交通量多的地方，为了保证行人的安全和机动车顺畅通行，设置人行道将行人和机动车分离是非常必要的。

确定人行道宽度时，不能简单的按道路构造法令中的相关规定来设定，必须同时综合考虑该道路的地区特征以及道路种类和该道路的多种利用形态。在城市的商业街、火车站等地方，考虑行人交通量大并且多种利用形态，根据需要，重视人行道的空间功能，在道路整体宽度中，重视人行道的设置宽度，综合考虑机动车的行驶空间与行人、自行车的通行空间的平衡，设置配备了绿化宽度的人行道及自行车行人混合道路。在实际设计中，采用充分大于道路构造法令中规定的自行车行人混用道路或人行道的道路宽度最低值。

在地方性道路中，考虑行人交通量和道路沿线状况，不需要在道路两侧设置自行车人行混用道或人行道时，可以只在一侧设置人行道。如果行人交通量非常少时，为了保证安全顺畅的交通，确认不需要设置人行道时可以不设人行道。

3. 改建 1 车道和 2 车道组合形式的道路设施

在应该设计 2 车道的省级道路中(日本的都道府县与我国的省相当)，根据地区状况保证尽早通车，可以采用第 3 类第 5 级别道路，改建 1 车道和 2 车道组合形式的道路设施(如图 1-9 所示)。

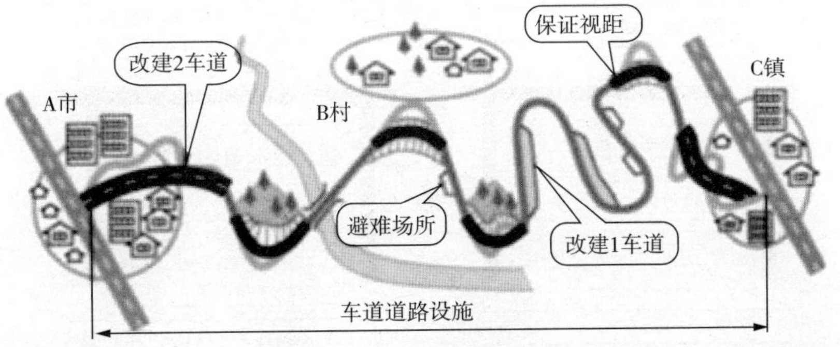

改建2车道（第3类第3~4级道路）：市区内或相邻路段，在市区间的交通量大的路段，需要超车的路段
注：根据需要设置人行道

改建1车道（第3类第5级道路）：现有道路窄，保证视距防灾路段，灵活运用现有道路现有道路较宽，设置较容易时，根据当地需要设置避难场所

图 1-9　改建 1 车道和 2 车道的组合道路设施

4. 小型道路(乘用车专用道路)设施

为了防止交通堵塞,需要尽快建设道路设施,但是现有的城市道路,由于用地的限制,并没有大量的土地供道路设施建设使用。在这种情况下,在大型机动车能够绕行的道路中,可以采用只容许机动车或小型货车通过的小型道路(乘用车专用道)(如图 1-10 所示)。

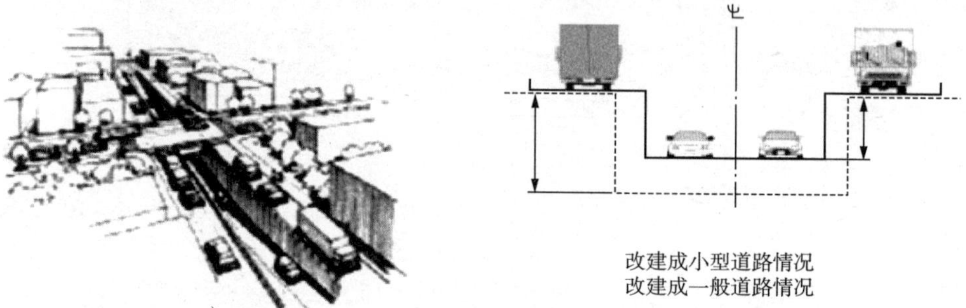

a) b)

图 1-10 小型道路

5. 阶段临时性道路设施

规划道路为 4 车道,暂时建设 2 车道时,以道路构造法令为基础,必须保证安全顺畅的通行功能。当然,4 车道道路建设完成时,必须满足道路构造法令的相关规定。暂时车道,从安全、经济、沿线进出等状况考虑,可以选择设置在规划道路的一侧、中间或者两侧。

6. 难以扩宽的城市道路

在规划改建城市道路中,随着交通状况的变化,需要扩宽规划道路。但是,从道路沿线状况角度看,这种变更较困难时,考虑所要的功能由其他道路代替,该道路不进行扩建,根据当初规划进行改建(如图 1-11 所示)。

7. 改建现有交叉口横断面

以道路构造法令为基础新建的道路设施,由于道路沿线和交通状况发生变化,为了改善道路交通环境可以再次修改道路构造。

例如,在城市道路交叉口,为了改善交叉口交通容量低的状况,在交叉口附近不设停车带或限制停车。同时在交叉口附近,可以减少行车道宽度,增加行车道数(如图 1-12 所示)。

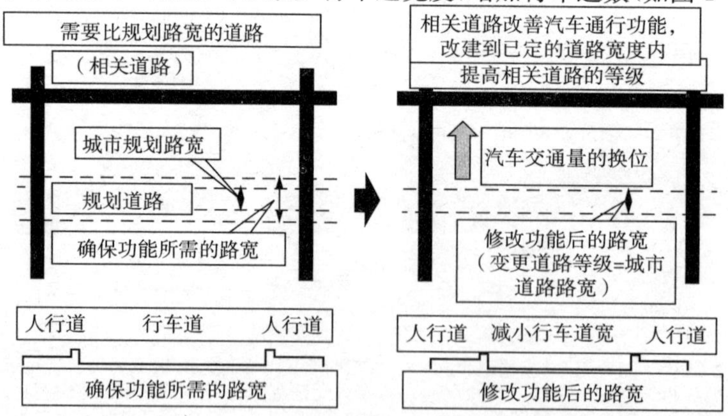

a) b)

图 1-11 分担道路交通功能的示例

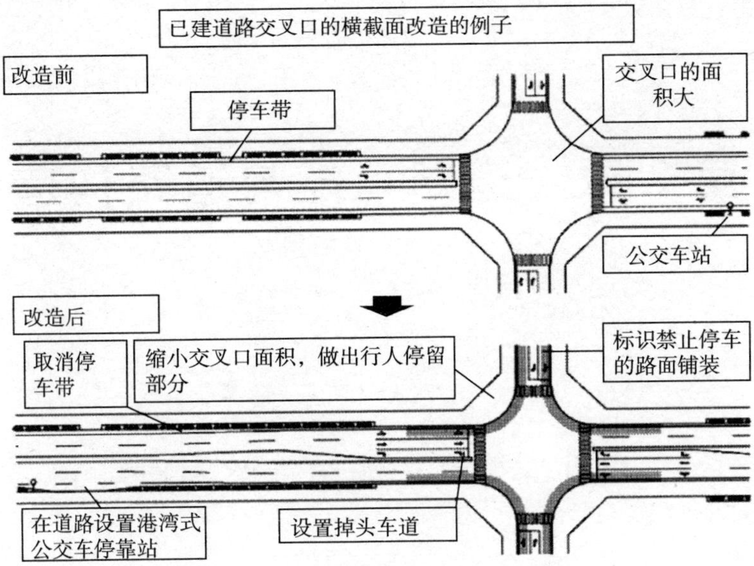

图 1－12　改建交叉口处的道路横断面

第2章　道路功能与道路构造

2.1　交通功能与道路构造

2.1.1　机动车交通功能与道路构造

道路的设置要保证机动车通行功能、进出功能的同时，也要根据需要保证机动车的停留功能。

1. 通行功能与道路构造

为了确保机动车交通的安全与顺畅，根据每条道路能够提供的服务速度采用相应的道路构造、采取相应解决交通堵塞、通行安全的措施。

为了确保行车的舒适性，减少灾害、交通事故对车辆通行的影响，宜考虑设置在驾驶过程中能够眺望到前方道路情况的构造。

作为机动车通行功能，道路的设置应该保证行驶的安全和顺畅，根据需要也要考虑行车的舒适性。

(1)保证顺畅

为了保证交通顺畅，使道路能够提供所要求的行驶速度(在考虑道路沿线状况和混杂状况的基础上，安全舒适行驶的平均行车速度)的同时，还要考虑不发生交通堵塞。尤其在应该连续提供某一服务速度的路段，宜采用连续性的道路构造。此时，不仅要考虑行车道，同时也要考虑交叉口和分合流部分不降低道路的交通容量。

① 适应通行功能的道路构造

为了构筑整体道路交通网络，更重要的是采用的道路构造要保证各条道路在交通网中所承担的通行功能。

● 重视机动车通行功能的道路构造

设计速度越高、交通量越多，机动车的通行功能越重要。这类道路应该提供高的行驶速度、宽阔的道路宽度、限制出入等要求的高标准道路构造。

普通道路根据其他道路与该道路的交叉情况，为了不降低机动车行驶速度而限制沿线进出时，可以根据需要设置立体交叉、连续的中央带、辅助道路设施、进出管理系统等（如图 2-1 所示）。

城市环线道路等城市道路，当该道路发生交通堵塞时，为了不影响其他道路，应考虑整体道路网的通行效率，保证交通量和交通容量的平衡。

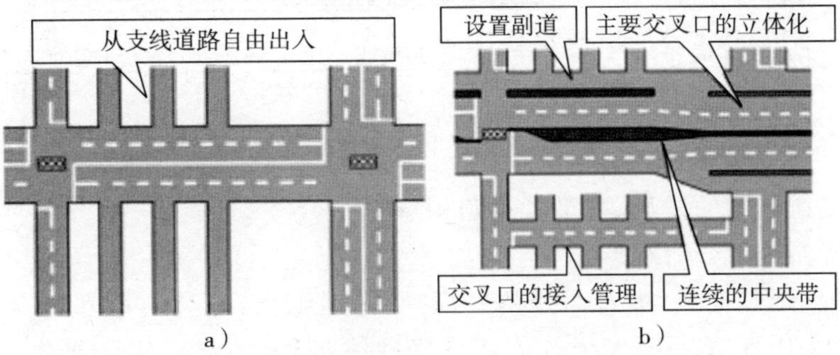

图 2-1　普通道路沿线限制出入道路构造的例子

● 限制机动车通行功能的道路构造

交通量少的地方道路，机动车通行功能的重要性降低，机动车可以根据道路的实际状况通行。特别是在与机动车相比更重视行人通行的人车混合道路中，根据需要限制机动车的行驶速度。

为了限制机动车的行驶速度，根据需要设置减速带、狭窄路段、突出构造等（如图 2-2 所示）。

② 保证道路顺畅的横断面构成

● 根据交通特征确定车道数

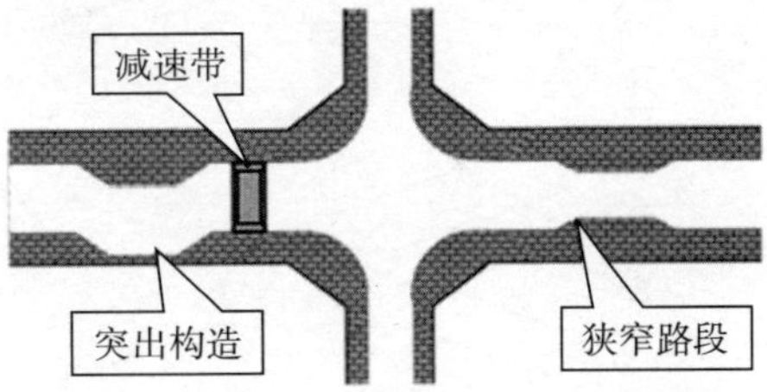

图 2-2　限制机动车行驶速度的构造

车道数是根据设计时间交通量来确定的。但是为了在交通高峰时段不发生交通堵塞，在确定车道数时，对于观光道路要考虑节假日的交通量，对于城市近郊道路要考虑早晚交通高峰期等，即宜根据每条道路具体的交通特征确定道路的车道数。并且城市道路中交通信号较多的道路，确定单行线时，根据需要也要考虑信号交叉口的交通容量。

● 考虑低速车辆的影响增加车道数

为了缓和因为低速车辆降低速度行驶而导致道路通行效率下降的情况，根据需要设置超车道、让车道和爬坡坡道。

● 考虑轨道等公共交通的通行确定横断面组成

路面轨道交通、城市单轨与新的交通系统等是为了缓和机动车交通量过大而出现的交通堵塞，并改善机动车交通功能而产生的一种交通形式。为了道路交通的顺畅，在有轨道交通等公共交通的道路上，需要使其与行车道分开，保证这类交通形式等的行驶空间，如图 2-3 所示。

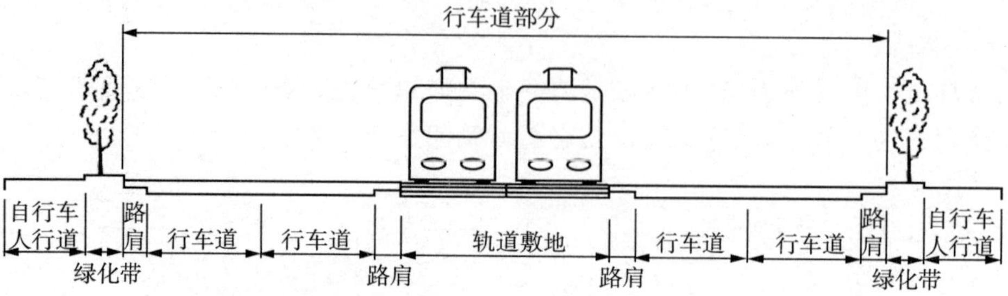

图 2-3　考虑轨道等公共交通通行确定横断面组成

③ 考虑交通堵塞的线形、交叉和道路构造物

● 凹形竖曲线部分的线形

非常缓的凹形竖曲线(纵断面线的底部)行车速度低,是交通堵塞的主要原因,在凹曲线路段不宜采用比规定值大很多的凹形竖曲线半径,同时宜保证凹曲线部分的视觉通视。

● 分合流路段的车道数

交通量大的城市机动车专用道路等的分合流路段,根据交通量宜保证车道数的平衡,如图 2-4 所示。在分合流路段,分合流点附近的几何构造宜采用缓和的线形,根据该道路交通和分合流交错的状况,采取措施使该道路分合流点前后的交通容量不降低。

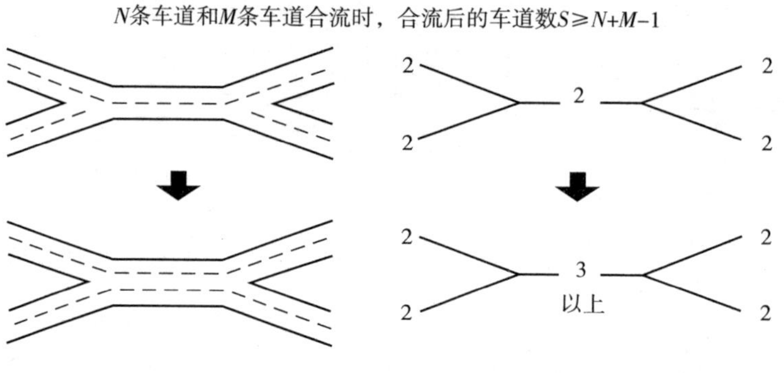

图 2-4　合理的合流路段车道数

● 收费站

在收费道路的收费站,根据进出交通量设置足够的收费口,根据需要采用非停车自动收费系统(ETC)等。

● 交叉口

由于单向车道引起交通容量降低所导致交通堵塞的交通信号交叉口或火车道口,根据需要在交叉口进出路段采用适当的车道数、立体交叉、火车道口立体化等以保证交通效率。道路不能保证足够的停车宽度而降低交通容量时,宜在交叉口附近限制车辆停靠。

● 隧道

标准高交通量大的道路,在隧道进口附近为了减少由于驾驶员视觉适应和紧张感导致行车速度下降所致的交通堵塞,根据需要在进入隧道部分考虑设置户外照明及合理的隧道口形式。

(2)保证安全

道路构造要保证安全，包括考虑道路功能、采用适当的设计速度、横断构成、线形和视距。关于车道数、线形、平面交叉口的设置间距、出入限制等道路构造，一定路段内必须保证设计的一致性。

① 保证安全的道路线形

曲线路段或下坡路段中要防止车辆向车道外或反向车道行驶。为了使驾驶员能以自然舒适的速度行驶，需要保证前后路段的连续性，避免采用使驾驶员产生错误判断的平面线形和纵断面线形的组合设计。

道路线形在保证交通流的安全顺畅方面有着极为重要的作用。极端的曲线设计及不恰当的曲线组合会导致交通事故的发生、交通容量的降低、造成时间及行驶费用上的损失、引起视觉美感及与沿线道路景观的不协调，还会导致建设费用的增加。

从道路交通安全和顺畅的角度出发，道路的线形设计应避免在同向曲线间插入短直线；避免在长直线的终点使用曲线半径较小的圆曲线；道路交叉角较小的情况下，避免插入曲线长度较短的圆曲线；避免在同向弯曲的纵断面曲线间插入短直线(断背曲线)；避免在短区间内使用反复凸凹的纵断面线形；在凹形竖曲线底部避免设置过大的竖曲线半径；避免小半径平曲线与陡坡的组合；避免在下坡路段，平面线形中直线连接小半径的曲线组合；避免在凸形竖曲线顶部或凹形竖曲线底部插入小半径平曲线；避免在凸形竖曲线顶部或凹形竖曲线底部设置反向曲线的拐点；避免在一个平面曲线上使用反复凸凹变化的竖曲线；平面线形为长直线的区间避免插入凹形竖曲线等。

② 保证安全的横断构成

根据设计速度确定道路宽度是基本的设计方法。根据需要设置中央带、防护栏、视线引导标志等交通安全设施，并采用排水性铺装。

在普通的 2 车道道路路段中，为了防止车辆突然超车而引起的正面撞车事故，应根据需要设置超车道、让车道、爬坡车道等。在城市道路中，为了防止车辆与停靠车辆相撞，根据需要采取相应的停车措施。

③ 保证安全的交叉口构造

● 分合流部分

机动车专用道路等高标准道路的分合流部分，为了防止发生交通事故，要保证适当的分合流路段长度和合流路段的通视。

● 交叉口构造

在交叉口为防止左右转弯或车辆错车时发生交通事故，宜保证交叉口的通视和简洁化。

在没有交通信号的交叉路口，为了防止发生交通事故，要根据需要设置路面指示标志以明确车辆通行的先后顺序。为了保证道路的通视，要合理设置交叉口的转角部分、绿化和道路反射镜等交通安全设施。

● 其他

为了保证冬季的通行安全，根据需要，考虑堆雪宽度、路面冻结等情况采用较缓和的坡度，设置防止积雪随风乱飞的设施和积雪融化的设施。

(3)保证道路的可靠性

为了保证道路的可靠性，所采用的道路构造需要在发生交通事故和灾害时保证道路有一定的通行功能。在积雪寒冷的地区，需要采用冬季可通行的道路构造。

① 发生交通事故与灾害时保证道路通行的道路构造

即使发生灾害，道路也要有一定的通行能力。根据道路的重要性，要保证道路的抗震性能和对于崩塌有安全的黏结面。同时，在交通事故与灾害发生时，保证该道路能够具有一定的通行功能。

特别对于大面积救助活动利用的紧急供给道路等，在发生巨大地震时，要保证紧急车辆能够通过，确保道路有一定的抗震性能。

② 积雪严寒地区保证冬季通行的道路构造

在积雪严寒地区，要求在恶劣的天气环境下保证道路有一定的通行能力。根据地区实际情况，道路要保证除雪与堆雪宽度，并设置融雪设施。

(4)保证道路的舒适性

为了保证道路的舒适性，宜采用能缓解驾驶员疲劳的线形。为了使驾驶员、乘客借驾驶车辆的机会欣赏优美的自然风景，道路路线的设计要使用能够眺望道路外景色的线形。

同时，为了能为驾驶员提供必要的道路信息和目的地信息，道路要根据需要设置指路标志和提供信息装置(道路交通信息通信系统装置等)。

2. 进出功能与道路构造

为了保证道路的进出功能，要采用从交叉道路进出该道路与进出道路沿线设施的道路构造。但是，道路的通行功能与进出功能一般是反比例关系(如图 2-5 所示)，考虑该道路在交通网中的位置，平衡两者之间的关系以采用合理的道路构造。

(1)设置方便车辆进出相交道路的道路构造

根据该道路在交通网中的位置和沿线车辆的进出状况，在需要处理道路沿线进出交通的道路中，为了保证与相交道路出入的方便，根据出入车辆的具体状况，同时也要保证交通的安全性，采用适当的交叉口间距和形状，以方便相交道路上的车辆可以顺利进入该道路。

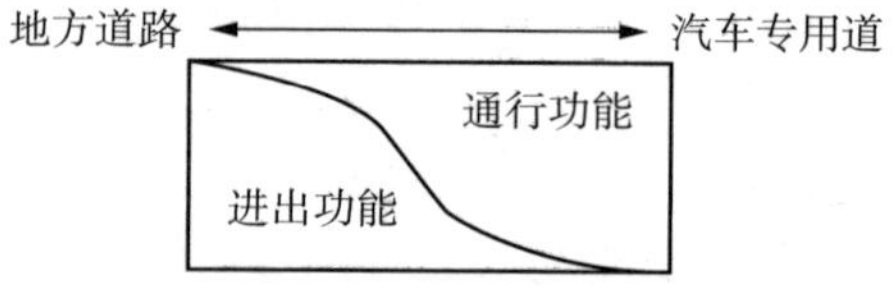

图 2-5　通行功能与进出功能的关系概念图

(2)设置方便进出道路沿线设施的道路构造

在道路沿线有商业物流设施时，需要考虑车辆的方便进出，同时考虑道路沿线的土地利用情况，根据停车的需要设置停车带或根据物流交通等装卸的需要设置货物装卸空间(如图 2-6 所示)。

(3)设置方便交通换乘的道路构造

为了方便驾驶员或乘客从机动车转乘公共交通工具(如地铁、轨道交通、出租车、公交车等)，在公共交通场站等交通节点，根据需要，设置车站广场。同时考虑公交车辆停

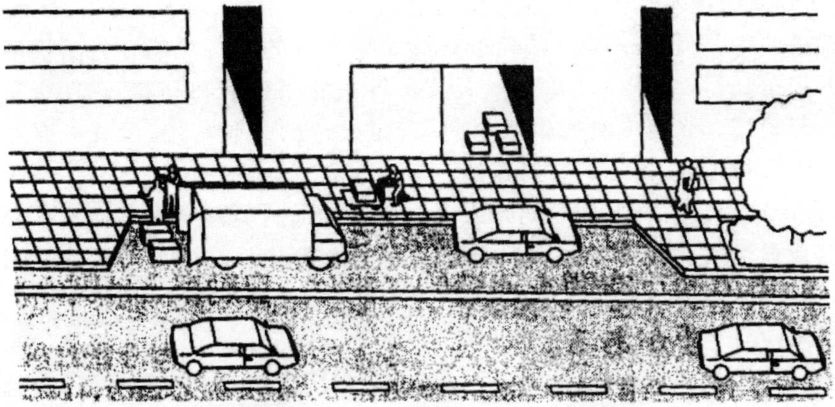

图 2-6　货物装卸空间

车的需要，设置公共交通车辆的停车带。

3. 停留功能与道路构造

当有停车需求时，道路设置要考虑停留功能。要保证道路的停留功能，在道路设施设置时就要确保机动车有能够停车或者机动车利用者有能够休息的空间。

(1)满足机动车停车的道路构造

考虑车辆的停车需求，道路设施设置时要设置停车场。为了保证公共交通的停留空间要设置出租车停车带、公交车停靠场地等。

(2)为机动车驾驶员或乘客提供休息空间的道路构造

根据机动车驾驶员或乘客的休息需求，设置服务区、停车区和临时停靠区。设置这些设施还要考虑出行距离等交通特征、地区和道路使用者的需求以及设施的运营等方面的因素。

2.1.2　行人及自行车的交通功能与道路构造

1. 通行功能与道路构造

(1)保证连续性

行人、自行车和机动车三种交通方式各自行驶的范围和利用的路径不同，为了保证行人及自行车的连续通行，不在机动车通行空间设置人行道和自行车道，而是把人行道和自行车道与机动车通行空间分开，形成行人及自行车通行空间。

为了形成行人及自行车的通行空间，根据道路的实际交通状况，需要设置连续的人行道、自行车道及行人自行车混合道路或者行人专用道路等。

在设置过程中，可以灵活利用人行天桥、行人地下通道、公园等公共空间和行人及自行车的通行空间。

(2)保证安全性

为了保证交通安全，防止行人和自行车出现交通事故，根据地区特征和交通特征应采用保证行人及自行车通行安全的道路构造。

① 干线道路的行人及自行车通行空间

在干线道路中，要保证行人、自行车及机动车各自的通行功能。为了机动车和行人及自行车的安全通行，要使机动车与行人及自行车的通行空间分离，宜在行车道两侧设置行人及自行车道。当行人交通量很小时，考虑土地的有效利用，没有必要在行车道的两侧同时设置人行道时，可以只在行车道一侧设置人行道。

设置行人及自行车道时，应分离行人及自行车的通行空间。根据道路和交通的实际情况也可以设置行人及自行车共同的通行空间。当行人及自行车非常少又不是上学道路，也可以不设人行及自行车道。

人行道及自行车道的设置

原则上，应分别设置机动车的通行空间和行人及自行车的通行空间。而且也应设置人行道与自行车道分离的行人通行空间及自行车通行空间（如图 2－7a 所示）。

自行车行人混用道路的设置

行人及自行车交通量少并受空间环境制约时，可以设置行人及自行车共用通行空间的自行车及行人混合道路。设置时，可以采用不同颜色的路面铺装以区分行人和自行车的通行空间（如图 2－7b 所示）。

在自行车及行人混合道路上，需要由公安委员会制定自行车通行的交通规则。

a）物理上分离行人及自行车的通行空间

b）用不同颜色铺装划分行人及自行车通行空间

图 2－7　自行车及行人通行空间的区分方法

● 灵活利用路肩作为行人的通行空间

在地方道路中行人及自行车交通量非常少，与机动车发生交通危险的概率很低时，可以灵活利用道路路肩作为自行车及行人的通行空间。

● 行人横穿道路的安全措施

道路构造需要保证行人安全地横穿道路。因此为了防止横穿道路的行人发生交通事故，应根据需要设置行人立体过街设施。同时，为了防止行人乱穿道路，应根据需要设置连续的护栏或植树带。

② 生活道路的行人通行空间

在有商店、住宅等生活设施的社区道路中，为了保证行人等的通行空间和宽阔的路肩，应减少机动车道的宽度。对于有学生上学的街道和散步等行人多的道路，为了保证行人的安全，宜在道路一侧设置人行道。需要时，采用行人、自行车和机动车在同一个空间的人车混合道路和社区用道路。此时，为了限制机动车行驶速度应设置减速带、突出构造和狭窄路段。

③ 商业街等道路的行人通行空间

在城市中心商业区的道路，根据道路两侧设施和土地利用等地区特征，假定行人逛街等并排行走的道路利用形态，宜保证必要的人行道宽度。

为行人创造安全、快速、舒适、快乐的购物空间，可以考虑设置步行街。从行人安全通行的角度出发，需要由公安委员会制定限制机动车通行等交通规则。

(3)无障碍化措施

在行人通行空间，为了使老人、残疾人等方便、安全的通行，需要采用连续的无障碍通行的道路构造。

因此，为了在行人通行空间保证各种人群都可以方便通行，除了保证道路的有效宽度以外，还要考虑设置合适的人行道设施。

① 人行道的有效宽度

根据轮椅、拐杖等道路使用者的多种形态，道路的有效宽度要得到保证。为了保证道路的有效宽度，要控制路面上设施的设置所占用的道路宽度。根据地区的实际情况，宜在地下设置自行车停车场、在地下布置电线等。

② 人行道设施的设置

在人行道要采用平坦缘石的形式以保证路面的平整性，同时，还要采用较缓和的纵断面坡度以及合适的行车道和人行道界线。根据需要，宜在横穿道路的高架桥采用倾斜的路面并设置电梯。

(4)保证道路的快速和舒适性

为了保证道路的快速和舒适性，宜考虑通行空间附属设施的设置、通行空间的背景以及为行人提供信息等。

① 行人通行空间的附属设施设置

路面铺装要考虑雨天路面湿滑、溅水等因素，也要考虑设置适当的照明设施。

② 行人通行空间的景观

从道路景观角度出发，设置绿化、护栏和照明等道路附属设施时应注意形状和颜色的搭配等。

③ 为行人提供信息的设施

为了使行人明确目的地等信息，根据需要设置行人用指路标志、地图等向导性设施。设置这些设施的同时也需要考虑行人的通行与景观规划。

综上所述，为了保证行人及自行车的通行功能，要保证行人及自行车通行空间的连续性和安全性，从而设计连续的行人及自行车通行空间，必要时可以与机动车交通分离。

无论行人及自行车的通行空间是否与机动车交通分离，都要根据行人及自行车的情况决定是否采用行人与自行车分离的道路构造。同时，行人通行空间需要设置无障碍的道路构造。为了保证使用轮椅的通行者等行人及与自行车的舒适通行，还要考虑路面的铺装种类、道路景观以及提供交通信息的设施等。

2. 进出功能与道路构造

为了满足道路的进出功能，根据需要，应采用方便行人进出道路沿线设施以及方便自行车使用者利用道路沿线设施的道路构造。

为了方便行人进出道路沿线设施，宜在沿线设施和通行空间之间采用平坦的连接构造。并且根据需要设置高架或地下人行通道等上下空间使行人可以直接进入道路沿线设施（如图 2－8 所示）。

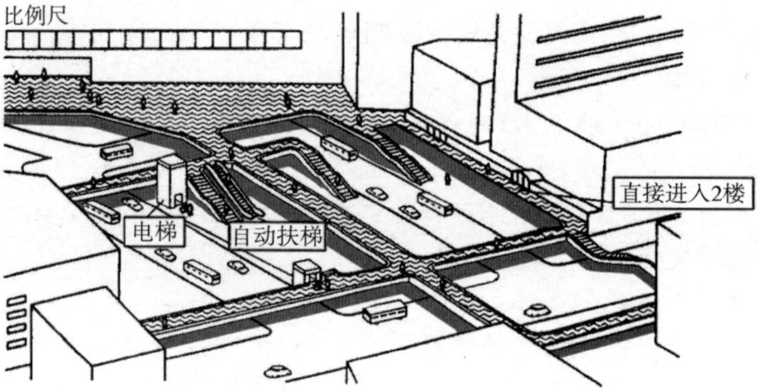

图 2－8 人行高架道路

为了方便乘客利用公共交通设施，根据需要在公交车停靠站、路面轨道车站中采用方便乘降的构造，在车站广场设置电梯等设施（如图 2－9 所示）。

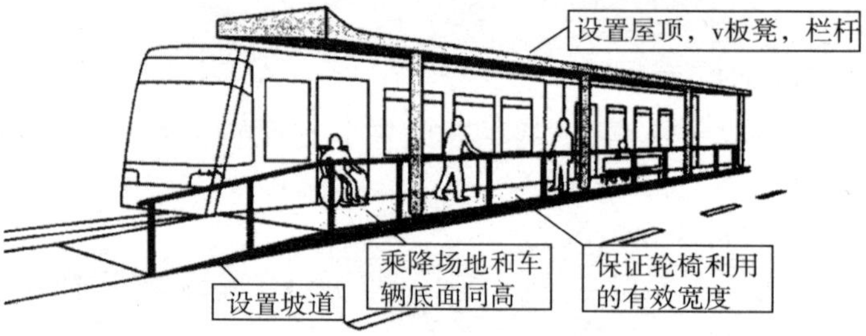

图 2－9 乘降方便的路面轻轨车站构造

3. 停留功能与道路构造

(1)满足行人停留功能的道路构造

城市街区、火车站广场、机动车停留场所等交通节点，要保证必要的行人停留空间。同时，考虑行人在横穿道路时逗留要保证足够的人行道宽度，以及等待公交车、出租车等情况应该设置等车座位等设施（如图 2－10 所示）。

特别是在行人较多的停留场所，根据地区的实际情况，在交叉口附近转角的位置，宜设置广场（如图 2－11 所示）。

应该注意，在保证行人停留功能的道路构造时，必须不能妨碍行人及自行车利用者的安全顺畅通行。

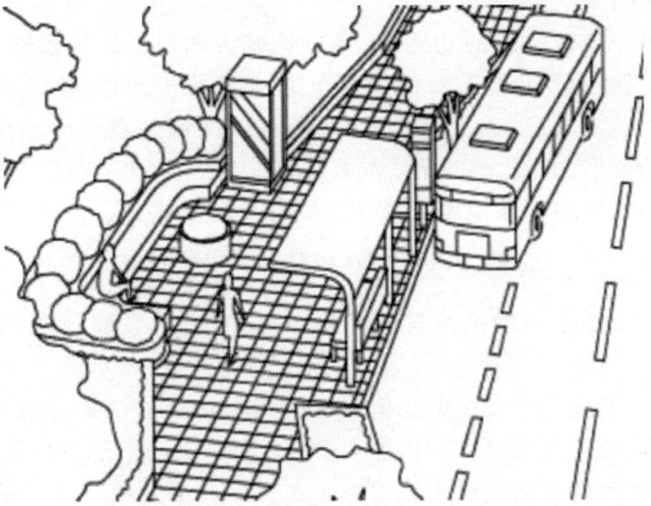

图 2-10　有停留空间的公交车停靠站

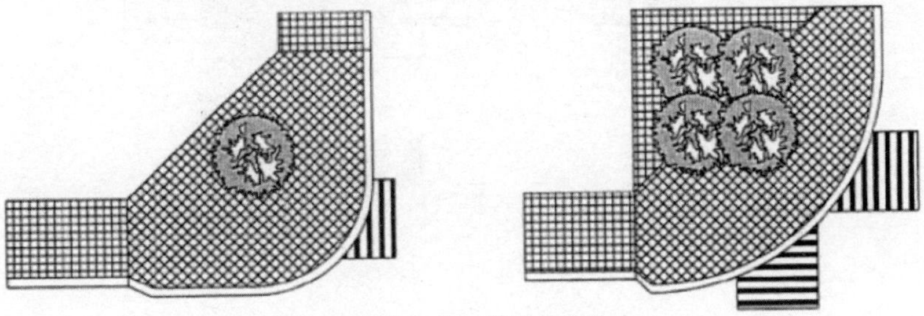

注：土木学会[街区道路景观设计]

图 2-11　交叉口转角处广场设置的例子

(2)满足自行车停留功能的道路构造

在需要保证有停放自行车的空间时，根据停放自行车的数量和设施场地等，在道路外侧(在行车道与人行道以外的空间，包括道路的地下和高架桥下的空间)设置适当规模的自行车停放场地。一般情况下，在车站周围对自行车停放有较高的需求。

2.2　空间功能与道路构造

2.2.1　形成市区空间的道路构造

由于道路有形成市区空间结构的功能，应考虑道路设置能够引导城市发展及地区框架的形成，并促进道路沿线的土地利用等。

1. 形成城市框架的道路构造

道路有形成城市地区框架的功能，而且也是城市和地区的标志性工程。因此，对于城市地区的主要道路，为了形成良好的街道布置，宜根据城市地区的特征，考虑沿线道路两侧建筑物和道路宽度、行车道及其以外的空间平衡来确定道路的总宽度。特别是大城市的中心地区作为城市的标志性道路，为了道路景观的形成和满足停留功能，宜采用宽阔的人行道、植树带、中央带和辅助道路等。道路宽度与沿线建筑物高度的关系如下：

[道路宽度与沿线建筑物高度的关系]

由道路宽度与沿线建筑物高度关系的研究可知，道路宽度与建筑物高度之间的关系，有如下印象：

(1)当道路宽度与建筑物高度的比值为 1∶1 时，空间狭小，有小巷的印象。

(2)当道路宽度与建筑物高度的比值大于 2∶1 时，有道路达到空间上限的印象。

(3)当道路宽度与建筑物高度的比值大于 4∶1 时，道路将会有广场的空间效果。此时，空间没有道路的印象。

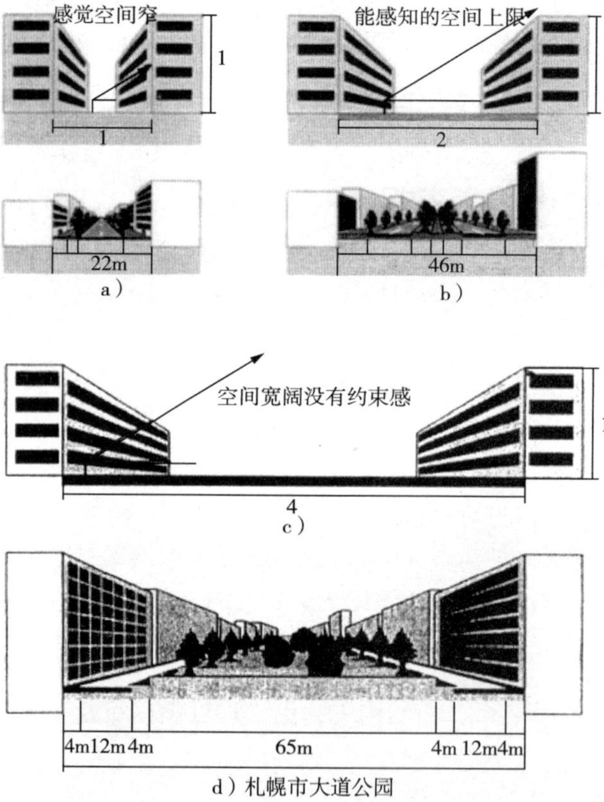

图 2-12　道路宽度与沿路建筑物高度的比例

为了使道路能够形成城市与地区的框架，应该形成良好的街道布置。因此，道路宽度的确定宜根据地区的实际情况，考虑与道路两侧建筑物相平衡。特别是在火车站和城市繁华中心等地区的标志性道路，为了保证道路有足够的空间功能，宜采用宽阔的道路宽度。

2. 促进沿线土地利用的道路构造

为了促进市区的发展，从城市规划建设的角度出发，需要采用适当利用道路沿线土地的道路构造。因此，为了保证机动车方便地进出道路沿线设施，根据道路与交通的实际情况，应该采用从行车道自由进出沿线，并保证容易进出停车带和辅助道路的道路构造。

综上所述，为了保证行人及自行车使用者安全、快速的通行和停留功能，根据需要，道路构造应采用考虑逛街等情况下的人行道宽度，以及景观的设置和行人停留、停放自行车等的情况。

为了使道路能够促进道路沿线的布局规划，应根据地区的实际情况，采用保证机动车方便进出道路沿线、行人及自行车利用者能够安全、快速通行和停留的道路构造。

2.2.2　满足防灾空间的道路构造

为了形成防止灾害扩散的空间，道路构造应保证火灾时道路作为火灾蔓延的隔离带，地震时道路交通不中断。

1. 防止火灾蔓延的总路宽

[关于防止火灾蔓延的宽度]

(1)东京　根据[建设防灾城市推进规划(基本规划)]形成火灾蔓延隔离带

在东京，考虑隔离火灾的功能，提高道路沿线建筑物的防灾能力，以及根据兵库县南部地震(又叫神户地震)中燃烧终止的状况，列出道路宽度和不燃烧率的关系见表 2-1。

表 2-1　形成火灾蔓延隔离带

路宽 27 米以上
路宽在 24 米以上 27 米以下，并且不燃烧率在 40%以上
路宽在 16 米以上 24 米以下，并且不燃烧率在 60%以上
路宽在 11 米以上 16 米以下，并且不燃烧率在 80%以上

注：不燃烧率=(耐火建筑的建筑面积+普通耐火建筑的建筑面积×0.8)/所有建筑物的建筑面积×100%。

(2)道路宽度和防止火灾蔓延率的关系(兵库县南部地震中神户市长田区)

在兵库县南部地震(神户市长田区)中，路宽 12m 以上的道路，没有发生蔓延。

由道路的总宽度来保证防止火灾蔓延和由于沿线道路建筑物倒塌引起交通中断的空间。

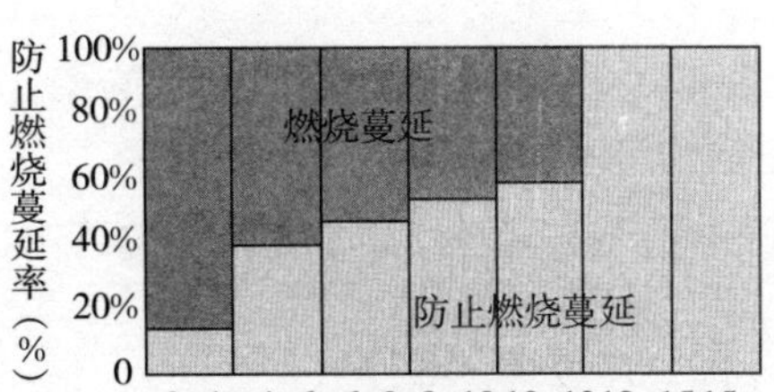

图 2-13　道路宽度和防止燃烧率的关系

在保证交通功能所需要的宽度之外，当道路总宽度不能满足防止火灾蔓延所需要的宽度时，宜扩大人行道和中央带的宽度。

2. 防止火灾蔓延的绿化种植

道路绿化宜采用防止火灾蔓延且有遮阴效果的绿化树种。由于树种和绿化量的不同，防止火灾蔓延的效果也不一样。因此，道路绿化应采用成排的植树带宽度和树种。

3. 地下布置电线

为了防止电线杆倒塌中断交通，也为了保护生命线工程，根据情况应该把电线等埋置在地下。

道路要有防止灾害扩散的防灾空间。在此基础上考虑保证防止火灾蔓延和地震时的通行空间，除了保证所需要的道路总宽度的同时，还应在道路两侧进行绿化植树。

2.2.3 作为环境空间的道路构造

1. 道路绿化

道路绿化不但能保证绿荫、形成良好的道路景观，同时为道路使用者提供了舒适的城市空间，而且还可以在减少噪音、净化空气、创造出良好的环境方面起到较大的作用，因此，对道路要积极进行绿化设置。

(1)道路绿化

根据需要道路绿化要利用中央带设置植树带及在人行道设置行道树等。同时，宜根据道路的具体情况，考虑种植地配置、种植构造、树种组成等因素，设置相应的绿化宽度。

在设置道路绿化时，需要根据地区特征选择树种和树木配置。

(2)与公园等成一体化的设置

为了扩大绿化空间，根据需要，可以选择与公园等沿线道路形成一体化空间的树种和配置。

道路构造应该考虑设置具有形成景观、确保绿荫、减少噪音和净化空气等效果的绿化。因此，道路，特别是在城市道路中，需要积极对人行道和中央带进行植树等。

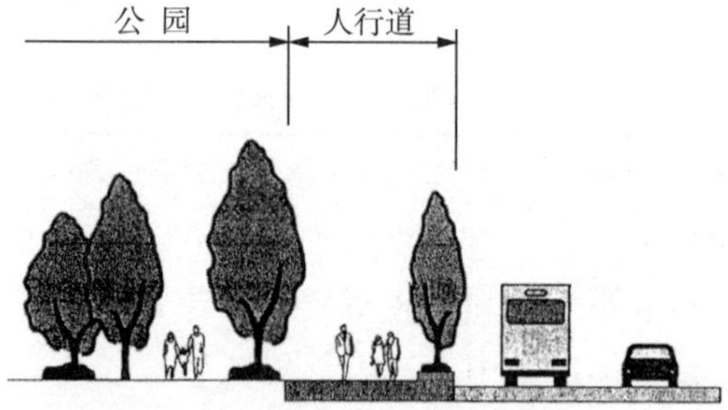

图 2-14 人行道与公园种植一体化的示例

2. 形成景观的道路构造

在形成良好景观方面，道路是重要的景观组成元素。因此，在道路规划与设计中，要根据地区情况进行如下设置：

(1)美化环境

为了形成美丽的道路景观，考虑绿化带的设置、中央带的绿化、植被、配置来确定道路构造。与此同时，宜采用不损害景观的道路附属设施，考虑道路景观与道路附属设施在形状色彩上的协调。特别是应该考虑景观的道路，宜把电线埋置在地下，并选择与道路周围环境相协调的铺装。

(2)线形与道路构造物的设计

道路沿线自然景观良好的情况下，要有效地利用自然景观，需要考虑借景的线形设计，采用与周围环境相协调的构造物设计。

道路沿线有重要的景观组成元素时，路线设计及构造物应该和周围环境相协调。因此，需要选择与周边景观相协调的道路铺装、树种及考虑道路附属设施的形状和颜色的搭配等。

3. 保护道路沿线环境的道路构造

道路设计对创建和保护道路沿线环境起着较大的作用。在城市居住区等街区中，应该考虑减少和降低由机动车引起的噪音和大气污染。因此，为了降低噪音和减轻大气污染，在路线选择阶段就应该讨论环境保护应该避免的路线走向及采用降低环境负荷等道路构造，同时，道路设计应该考虑包括道路沿线景观在内的综合措施。

(1)保护环境的道路构造措施

在需要保护环境的地区，根据需要，在高架和地下等道路构造中采用降低噪音的铺装，包括吸音板、隔音墙和环境设施带等。

(2)包含道路沿线景观的综合措施

只采用保护环境的道路构造设施不能满足环保的要求时，根据需要，应采取相应的土地利用政策在沿线道路两侧采用隔音的建筑构造措施(如图 2－15 所示)。

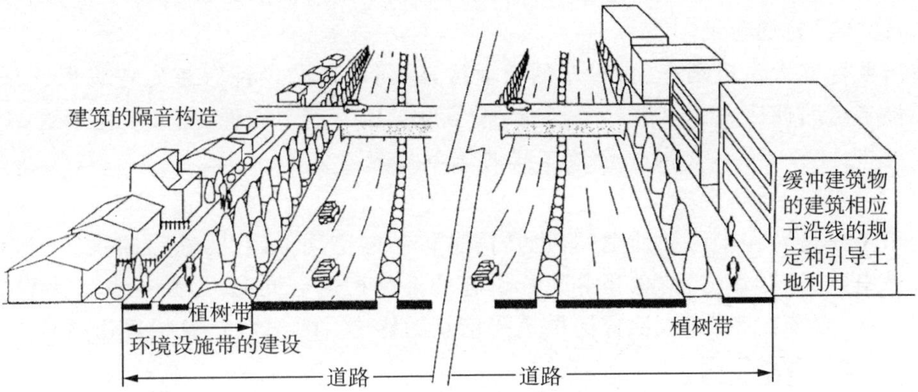

图 2－15　沿线环境保护措施

综上，为了保护道路沿线的环境，应该降低噪音和减少大气污染对环境的影响。因此，在道路设计过程中，需要考虑保护环境所需的空间和在构造上采取保护环境的措施。

道路作为环境空间，形成道路绿化与良好景观的同时，也应该考虑保护道路沿线的环境。

2.2.4　容纳空间的道路构造

根据需要，道路应该具有如下容纳城市单轨与地铁等交通设施、信息通信设施和生命线设施等空间。为了让道路能够有有效的容纳空间功能，宜有计划的调整和利用道路的地上地下空间(如图 2-16 所示)。

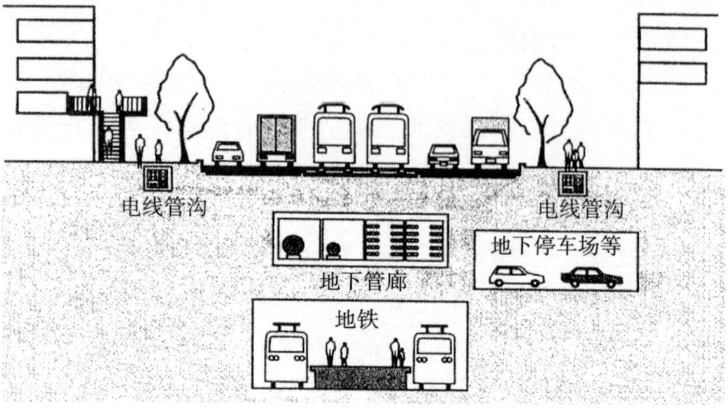

图 2-16　道路容纳空间的运用

1. 容纳交通设施的道路构造

(1)公共交通设施的容纳

道路在作为城市单轨、新的交通系统、路面轻轨和地铁等公共轨道交通设施和车站的容纳空间方面起着重大的作用。因此,在设置这些公共轨道交通设施的规划路线中,无论新建还是改建的道路,宜首先保证容纳轨道和车站所需的必要空间。

(2)停车设施的容纳

在需要停靠大量机动车、自行车的商业区,道路构造的设计宜首先考虑保证该空间。为了确保各道路使用者安全顺畅的通行,除了设置地下停车场外,应灵活运用道路空间。

2. 容纳信息通信设施与生命线工程的道路构造

(1)容纳信息通信设施

道路不仅是人和车移动的空间,也是信息移动的空间。因此,在道路设计中,宜尽量采用容纳电线、综合管沟、信息箱等光纤设施的道路构造。同时,道路也要考虑设置道路管理用光纤,以及在需要时,设置提供道路信息的标志、半导体、信息板等道路导向设施。

(2)容纳生命线工程

为了有效地利用有限的道路空间,并设置更多的设施,应对生命线(煤气、上下水、电等的供给)设施进行有效的集成化。

第 3 章　适用于不同地区情况的道路构造

3.1　适用于不同地区情况的高速公路等道路构造

日本有大范围的高速公路交通网，它是由形成全国交通网的高标准干线道路和完善地区道路的地区高标准道路组成。在高标准干线道路与地区高标准道路规划时，需要根据地区的具体情况设置道路构造。

3.1.1　高标准干线道路

1. 采用适合于地区实际情况的道路构造

高标准干线道路的功能是为了保证机动车的高速行驶，道路构造应该根据地区实际情况保证所需的通行功能。

(1)提供快速通行的道路构造

交通需求多或在经济活动中特别重要的道路，为了能够提供快速通行的道路功能和可靠性，根据道路路线的重要性，道路构造应采用较高标准。

(2)交通量较少时的道路构造

当前道路交通量较少，预测将来交通量将增加，因此规划为 4 车道的道路。为了道路建设的高效性，进行分阶段建设时，在保证当前交通安全与顺畅的同时还要考虑未来的需要，未来将建设为 4 车道的道路可以暂时采用 2 车道的道路构造。同时，在暂时的 2 车道道路中，根据交通的实际情况等，道路交叉口可以采用平面交叉的方式等。

另外，预测未来的交通量也较少，用 2 车道进行道路建设，为了交通的需要，要保证一定的速度和安全性，道路构造应采用往返分离的 2 车道道路。

(3)相交道路交通量少的道路构造

在国家高速公路以外的机动车专用道路上，通常要完全限制出入。但是考虑道路沿线的特征以及机动车交通的实际状况，相交道路上的交通量少或者由于地形等原因不得已时，可以采用部分限制出入。

(4)短程交通利用的道路构造

担负生活圈区域交通等较短旅程的交通功能的道路上,在选定道路路线时,应根据道路特征,缩短立体交叉的间隔。为了方便利用道路设施,也应该考虑道路不能离市区太远。

2. 车道的道路构造

在高标准干线 2 车道道路上,根据交通的需要和将来的使用要求,在保证通行功能的基础上,根据需要采用下面相应的道路构造。

(1)暂建 2 车道的道路构造

在规划为 4 车道道路横断面的一侧或中央,暂时建设 2 车道道路的横断面,如图 3-1 所示,可以用车道分离标志、上下行车道分隔栏或用宽的中央带划分上下行道路。

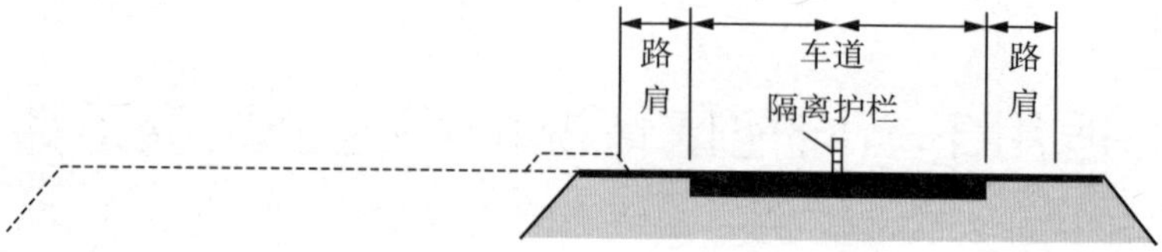

图 3-1 暂建 2 车道的道路横断面构成(一侧施工的情况)

(2)规划为 2 车道的道路构造

规划为 2 车道道路的车道宽度、中间带的宽度与 4 车道道路一样。但是关于车道分离和路肩宽度如下:

① 标准路段的横断面

在 2 车道的道路上,为了保证一定的服务速度防止正面撞车等重大交通事故,原则上采用上下行分离的道路构造,同时考虑设置全路肩以方便故障车辆等通行。

② 隧道与桥梁区间的道路横断面

在特大桥、长隧道路段以及构造物比例高的路基工程,不得已时可以采用上下行不分离的道路构造。这时,与上下行分离的路段相比降低了机动车的通行能力,为了保证必要的交通安全和交通顺畅,可以采用车道分离标志、上下行车道分隔栏或采用宽的中央带划分上下行道路,还可以缩小路肩的宽度(如图 3-2 所示)。

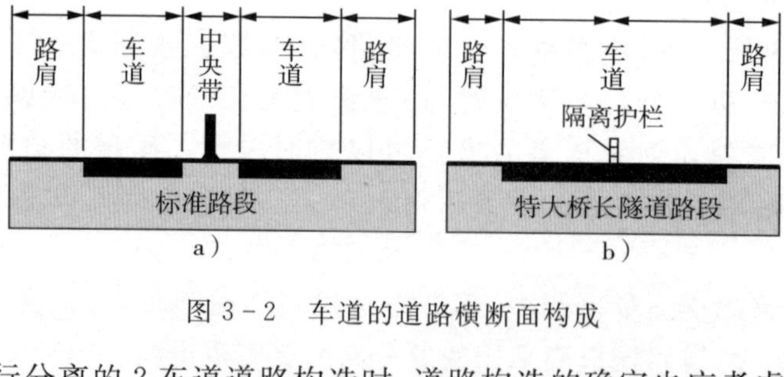

图 3-2 车道的道路横断面构成

当采用上下行分离的 2 车道道路构造时,道路构造的确定也应考虑以下几点:

a. 道路前后路段不分离,暂建为 2 车道的道路。由于道路构造的不连续性阻碍了车辆通行的安全和顺畅,这时,可以考虑完全采用 2 车道不分离的道路构造。

b. 为了保证机动车通行的顺畅,考虑低速车辆的服务速度低而影响其他车辆的通行，根据需要，应设置附加超车道、让车道和爬坡车道。

c. 为了防止由于交通事故的发生而影响其他车辆的正常通行，应设置开口式中央带以及紧急停车带。

d. 在积雪寒冷地区，在冬季为了保证机动车的正常通行，应根据需要在道路横断组成中考虑设置除雪和堆雪的宽度。

3.1.2　地区高标准道路

在地区高标准道路中，考虑机动车的通行功能，要在道路上使车辆以一定的速度通行，这就需要根据地区的实际情况采用适合的道路构造。

1. 设计速度与服务速度

在综合考虑机动车的通行功能、沿线交通等情况的基础上，地区高标准道路的服务速度基本要保证大于 60km/h。设计速度是为了保证所需要的服务速度，在 60km/h 以上进行适当的设定。为了保证所需要的服务速度，道路应采用如下构造。

(1)交叉方法

道路相互交叉时原则上不设置平面交叉。但是，关于每条道路能否大致保证 60km/h 的服务速度，通过分析在无信号交叉口主线分合流车辆对主线交通的影响，信号交叉口交通信号的设置对主线交通的影响，确认哪些因素是降低速度主要原因，在可能的情况下，也可以设置平面交叉。

(2)沿线进出限制

机动车专用道路以外的道路，当出入沿线设施的车辆会影响主线交通的行驶速度时，在对主线交通影响较大的地方，设置辅助道路限制沿线车辆进出主线，或者设置交叉口接入管理、中央带和隔离护栏限制右转弯(只容许左转弯)等出入限制。

特别是在城市街区或城市化道路中，沿线设施确实对主线交通有影响时，必须进行出入限制。

(3)与行人及自行车通行空间分离

机动车专用道以外的道路，为了防止行人及自行车进入道路主线而影响主线的服务速度，同时也为了保证行人及自行车利用者的安全，除了在交叉口和沿线设施出入口的位置，应该使行人及自行车的通行空间与机动车的通行空间(主线行车道)从道路构造上分离。特别是人行道、自行车行人混用道路和自行车道与主线车道在同一个平面内并列设置时，为了使行人与机动车分离，行车道与人行道之间应设置连续的植树带等适当的道路构造。

2. 横断面组成

地方高标准道路的行车道应大于 2 个车道。当设置 2 车道时可以在适当的位置设置超车道。当在 2 车道设置中央带时，道路宽度要保证当有故障车辆停车时，正常行驶的车辆可以利用剩余宽度从故障车旁通过(除了中央带外车道部分一侧的宽度要大于 5.75m)。

3. 道路构造类型

地区高标准道路的基本道路构造类型分为机动车专用道路、出入完全受限或部分受限的道路，主要交叉口形式为立体交叉或与沿线交叉口进行接入管理的形式。保证道路所需服务速度的道路构造类型及类型选择见表 3－1。

4. 现有道路的利用

在能够保证整条道路所需的服务速度的前提下，应尽可能利用或改建现有道路。

表 3－1　服务速度与道路构造

服务速度	车道数	设计速度	交叉方法		沿线进出情况	中央带的形式	小型摩托车限制	行人及自行车	道路构造
			主要	其他					
70～80km/h以上	2[*1]以上	80km/h以上	立体	立体	禁止	分离 不分离[*4]	可能	禁止	机动车专用道（含上下行不分离）
60km/h	2[*1]以上	60km/h	立体	立体	禁止	分离 不分离[*5]	可能	禁止	完全或部分出入受限道路
	4以上	60km/h以上	立体	连接	事实上限制	分离	不可	从构造上分离	
大体上60km/h	4以上	60km/h以上	立体	平面交叉可[*2]	接入管理等[*3]	分离	不可	从构造上分离	主要交叉口立体化及接入管理
	2[*1]	60km/h以上	立体	平面交叉可[*2]	接入管理等[*3]	无[*6]	不可	从构造上分离	

注：(1)2 车道时，宜设置超车道。

(2)保证整体路线服务速度大于 60km/h 时，可以采用平面交叉。

(3)在出入沿线设施车辆影响主线交通而降低速度的地方，为了保证所需的服务速度，进行必要的出入限制。

(4)2 车道道路服务速度为 70km/h，上下行不分离时采用隔离护栏区分上下行道路。

(5)在 2 车道上下行不分离时，采用隔离护栏区分上下行道路。

(6)预测沿线进出车辆多影响主线交通时，为了限制右转弯车辆设置隔离护栏。

综上，在高标准干线道路与地区高标准道路进行规划时，根据地区的实际情况，需要采用保证充分高效的通行功能的道路构造。同时，当这些道路需要兼顾生活圈区域的交通功能时，应该考虑短程交通，缩短立体交叉的间距。

3.2　适应城市地区的道路构造

在城市道路中，由于住宅区和商业区等的存在，沿线道路的交通特征差异很大。为了适应地区景观、行人通行、沿线进出、早晚交通高峰等多种情况需要采用相应的应对措施。下面介绍的是适应城市特征的道路构造。

3.2.1　城市地区的道路构造

在车站、市中心等代表城市形象的地区，城市与地区的标志性道路能够体现城市的个性与魅力。从城市景观角度出发，应考虑道路沿线景观与道路一体化的设计，形成舒适的城市空间。作为城市标志性的区域，需要代表城市特征与特色进行建设时，建议保证道路形成城市空间和环境空间的功能，考虑沿线景观和道路的一体化设计。根据需要，应该采用充分考虑停留与景观形成等功能的道路构造。

道路构造不仅要充分考虑通行功能，还要保证停留与景观形成等功能。根据需要，采用比道路构造法令规定的最低值或标准值宽的人行道、植树带和中央分离带。并宜进行公园、广场或辅助道路等一体化的道路建设（如图 3－3 所示）。

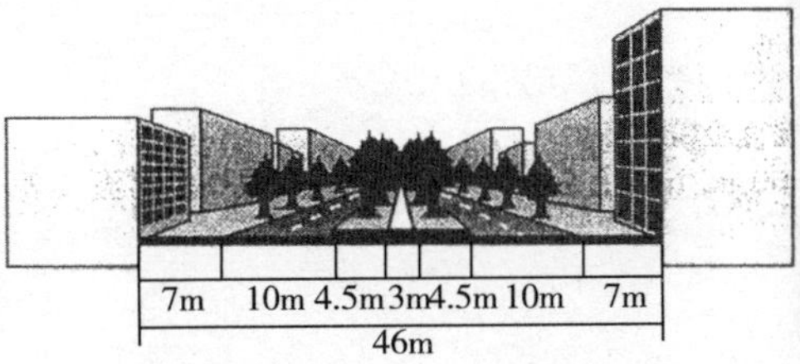

注：出自《街道景观设计》（土木学会编）　　出自《道路，绿化，景观》（保护道路绿化协会）

图 3－3　城市标志性道路（仙台市　定禅寺路）

3.2.2　城市中心区与商业区的道路构造

从搞活地区经济、增加地区特色的角度看，城市中心区与商业区的道路需要在道路规划阶段就考虑顾客购物的方便性、舒适性等。为了保证顾客购物的方便性和舒适性，应根据道路与地区的实际情况采用下面所述的道路构造。

1. 设置人行道的道路构造

在人行道等道路的设计中，根据行人散步、逛街等使用形态，采用保证必要的通行、进出、逗留等功能的道路宽度的同时，根据需要宜设置行人逗留的空间与板凳等设施。

2. 路宽较窄的道路构造

在较窄的道路中，特别是重视行人与自行车利用者的交通功能，并保证行人等的通行安全和舒适性时，可以设置机动车与行人混合利用的道路、设置逗留空间的人车混合道路和社区道路。在商业区人车混合道路中还应考虑机动车停车与景观形成等功能。

3. 特殊化的行人空间道路

为了保证行人在商业街安全、舒适的购物，应扩宽行人用道路空间。在中心街区保证行人方便通行的同时，还要保证行人所需的环境空间设施，如设置树木（如图 3－4 所示）。在保证比较特殊的行人空间的道路中，需要根据地区特征，促进良好景观的形成。

在商业道路中设置树木时，需要由公安委员会对机动车进行交通管制。

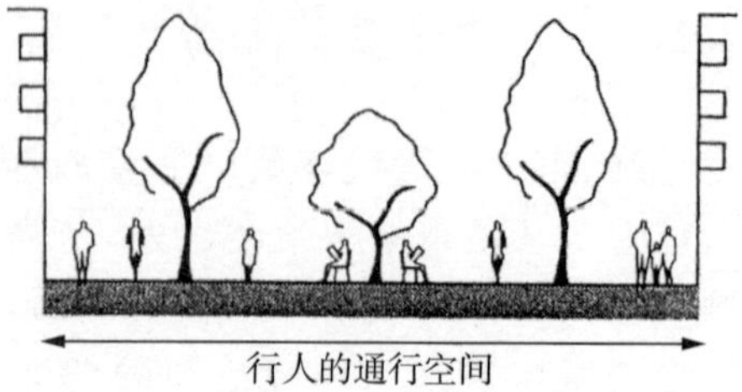

图 3－4　设置树木的道路横断面

3.2.3　住宅区的道路构造

住宅等地区的生活道路是作为人们日常生活空间而被利用的道路。在住宅等满足日常生活空间的道路中，需要重视行人的交通功能。特别是在需要提供日常交流的场所时，宜在道路中形成具有逗留功能的空间。这时，可以让机动车根据道路情况以适当的速度通过，但更重要的是能够为行人及自行车利用者提供安全、舒适的通行功能。因此，在住宅等地区应该更重视行人的交通功能，根据需要设置人车混合道路或社区道路。从构建城市格局的角度出发，还宜考虑保证景观环境等的环境空间功能。

在住宅道路中，根据需要可以采用如下道路构造（如图 3－5 所示）。

1. 控制机动车速度的道路构造

为了控制机动车的行驶速度，应该根据需要设置减速带、弯曲部分、狭窄部分等道路设施。

2. 保护逗留空间的道路构造

为了保护行人的逗留空间，应根据需要设置行人逗留所需要的道路宽度以及设置板凳等休息设施。

3. 无障碍的道路构造

为了保证各类行人安全、高效、方便的通行空间，道路网需要采用连续的道路宽度、坡度、路面平整等无障碍化的道路构造。

4. 保证生活环境空间的道路构造

为了形成道路的环境空间、保证住宅环境与景观的形成，根据需要，应考虑采用景观铺装、种植植树带和树木、地下设置管线等方式。同时，应该让当地居民参与合作，共同创建社区，构建与沿线设施形成一体化的道路构造。

5. 保证防灾空间的道路构造

住宅区的道路构造还要保证有防灾的空间功能，在地震等紧急情况时道路能作为避难场所，并能进行救助消防等活动。

3.2.4　根据不同地区情况设置防止交通堵塞的措施

缓解交通堵塞的方法有扩大交通容量和进行交通管理两种。其中，通过建设道路缓解交通堵塞的方法主要有建设地下通道以及扩宽道路等。为了缓解交通堵塞而进行道路建设时，可以采用适用于地区实际情况的道路构造，例如根据交通特征采用可变车道等。由于空间限制不能采用这些方法时，根据地区设计情况可以采用如下道路构造，保证机动车的通行功能。

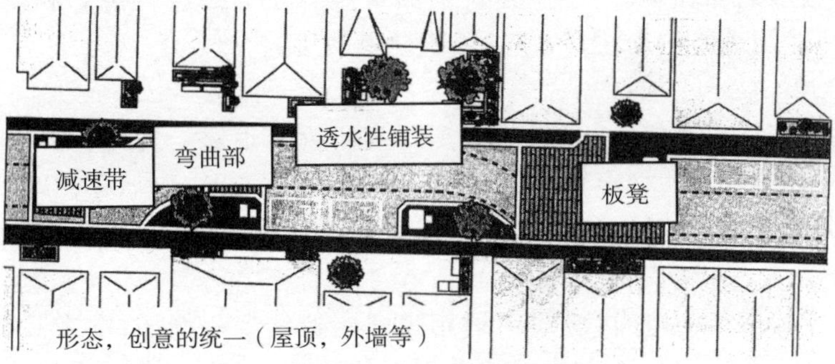

图 3-5　住宅区的道路构造

1. 根据交通特征设置车道数

根据早晚交通高峰时间带的高峰小时交通量与方向不均匀系数等道路交通特征，为了使道路使用者可以高效顺畅的通行，可以考虑采用可变车道即双向 3 车道等道路构造。

2. 建设小型道路

在大型车辆可以绕行时，道路可以设计为只容许乘用车与小型货车等一定尺寸以下的机动车通过的小型道路(也称为乘用车专用道路)(如图 3-6 所示)。为了限制大型车辆的通行，可以在道路沿线采用限制大型车辆的设施。

在采用小型道路时，需要注意大型车辆绕行道路的顺畅及对环境的影响。

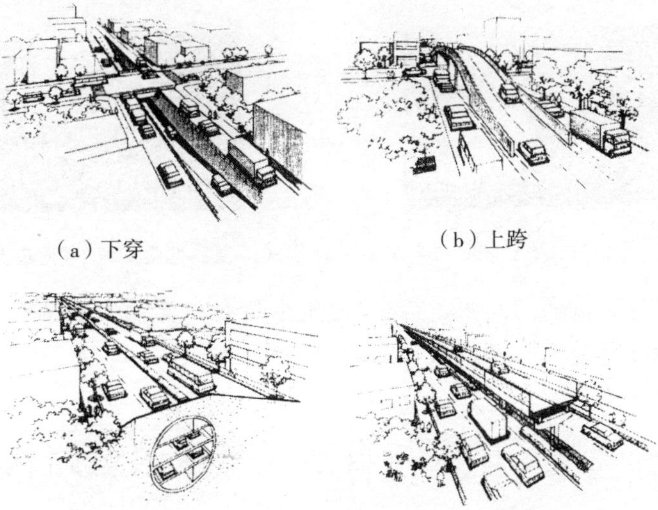

(a) 下穿　(b) 上跨

(c) 隧道　(d) 高架

图 3-6　小型道路构造类型

3.3　山区等地区的道路构造

1. 道路规划的思考

在山区等地，交通量少，道路宽度窄，为了使道路沿线居民生活方便，应根据交通特征(交通量、大型车辆混合率等)尽早建设道路设施。在道路进行规划和设计时,应根据实际情况,灵活运用道路构造法令,节约工程建设费用。

2. 道路构造

山区等地的道路宽度狭小,建设时应尽量利用现有道路。同时,为了保证交通安全和一定的服务速度,以及大型车辆的错车等交通功能,根据地区情况可以设置避难所、改善不良线形、保证视距等的局部改善,也可以采用改善 1 车道和改善 2 车道组合的形式进行道路建设。

当采用这样的道路构造时,应灵活运用道路构造法令。例如:本来是 2 车道不得已采用 1 车道时适用道路构造法令关于种类划分的特例规定;在进行局部改善,采用保证最低限制通行功能的道路构造时,适用于道路构造法令关于小区间改建时的特例规定(规定了道路构造法令以外的内容)。

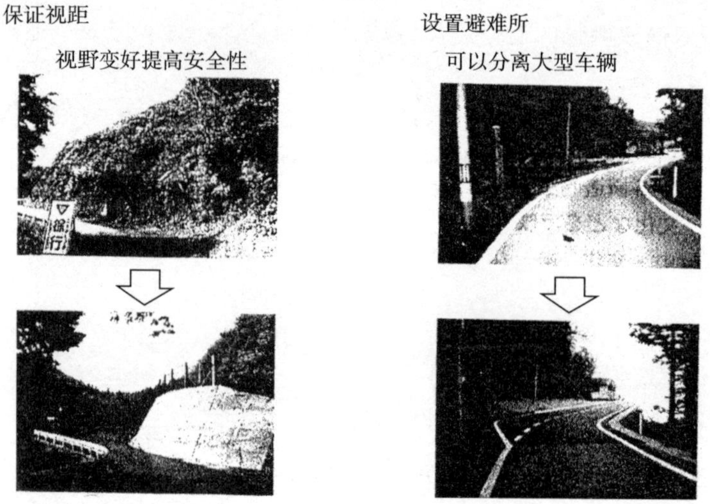

图 3-7　改善 1 车道和 2 车道组合形式的道路建设(1.5 车道道路)

综上,在山区等地区的道路中,道路交通量少但在日常生活中又不可缺少,需要尽早建设时,可以采用保证最低限制通行功能的道路构造。

3.4　观光地区与自然风景区的道路构造

3.4.1　反映历史文化的道路构造

在观光、名胜、自然风景优美、有一定历史的地区中,考虑创建特色区域的个性道路,根据地区特征,保证行人通行、逗留和保护环境等功能,宜采用下面的道路构造:

1. 形成当地风俗节气的空间(如庙会等)

考虑当地风俗节气的要求,道路要保证在庙会等情况下大量行人通行、逗留所需要的道路宽度，应设置宽阔的人行道、中央带和路肩。此时，可以考虑采用能够暂时撤去分离带、防护栏、缘石等，使人行道与车道部分成为一体的道路构造。

2. 反映地区历史文化的景观设计

道路沿线宜采用能够反映当地历史文化与风土人情等地区特色的树种、铺装和道路附属设施的景观设计，突出形成该地区的特色（如图3-8所示）。但是注意不要形成奇异的景观设计。

图3-8　反映地区文化历史的道路构造（富山县高岗市八丁道）

3. 景观元素的借景

为了形成美丽的景观，有历史名胜古迹等著名景观元素时，道路应该设置成能够瞭望这些名胜古迹的线形（如图3-9所示）。

（a）富士山和东名高速

（b）姬路城和大手前大道

图3-9　借景的道路构造

4. 与道路沿线建筑形成一体化的景观设计

在名胜古迹、自然风景优美的地区以及具有历史价值的街道地区进行景观设计时，不但要考虑道路构造，而且还要考虑除去户外的广告牌。引导标志和沿线建筑物，宜与道路形成一体的景观设计。

综上，在有丰富观光资源和历史的地区及自然风景区的道路，为了保证具有地区特色的交通功能和空间功能，采用的道路构造宜考虑形成具有地区特色的道路景观等方面。

3.4.2　与自然景观协调的道路构造

在自然环境优美的地区，道路的建设和利用要降低对自然环境的影响，同时，宜采用亲和自然、与自然环境相协调的道路构造。

1. 与周围环境融为一体、亲和自然的道路构造

在自然环境优美的地区，为了保证机动车通行的舒适性及保护自然环境，道路应尽量采用亲近自然、与周围环境融为一体的道路构造(如图 3－10 所示)。在这样的道路中，宜考虑以下几点：

(1)保证美观的植被护坡、宽阔的路肩和中央带，使道路用地内的空间与自然环境相协调。

(2)在桥梁与隧道等构造物的建设中应灵活运用当地的石材。

(3)在需要保护自然环境时，可以采取限制一般车辆进入、设置停车场、实施换乘专用机动车等措施。

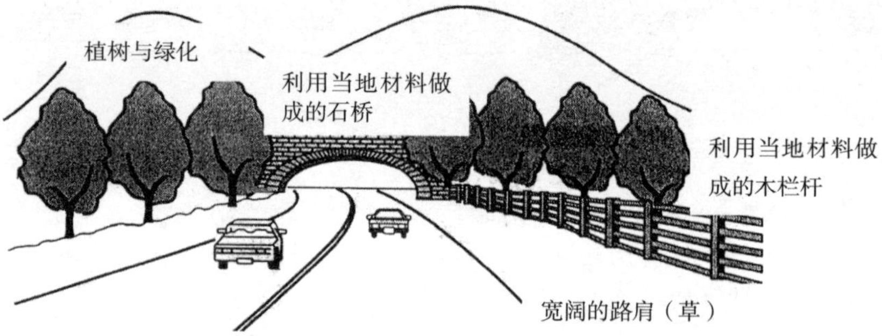

图 3－10　与周围环境融为一体的道路

2. 亲和自然的行人及自行车专用道路

为了使行人及自行车利用者能够亲近自然，保证行人及自行车通行空间的连续，应建设连接聚集地和风景名胜地区周边的休息设施的人行道及自行车道以及相应的散步道路和自行车道路。

为了保证行人通行与逗留的安全和舒适，组成这些交通网的道路构造，需要考虑以下几点：

(1)不能有落石、倒下的树木等，以免造成通行困难；

(2)与自然环境相协调，景观优先；

(3)就地取材；

(4)设置休息及照明设施。

所以，在自然风景优美的地区，为了机动车通行的舒适和自然环境的保护，考虑采用融入周围环境的道路构造，为了方便行人及骑自行车人能够亲近自然应保证行人及自行车的通行空间。

3.4.3　考虑自然环境的道路构造

在应该保护的具有优美自然环境的地区，道路开发的过程中，对自然环境有影响时，要采取吸取、避免、降低、取代等设计思想。在道路规划前进行自然环境的调查，在此基

础上，需要推进详细考虑生态环境的道路建设(如图 3－11 所示)。应该考虑如下几点：

(1)在道路路线规划阶段，选择能够保护重要动植物生息、生育地区的道路路线。

(2)为了减少道路对环境的影响，需要时，采用桥梁、隧道及设置动物用横断构造物，保护表土。

(3)不得已需要通过重要动植物生息生育地区时，要根据需要建设替代的生息生育空间。要进行护坡与中央带等道路空间的绿化，并恢复施工用临时道路的绿化。

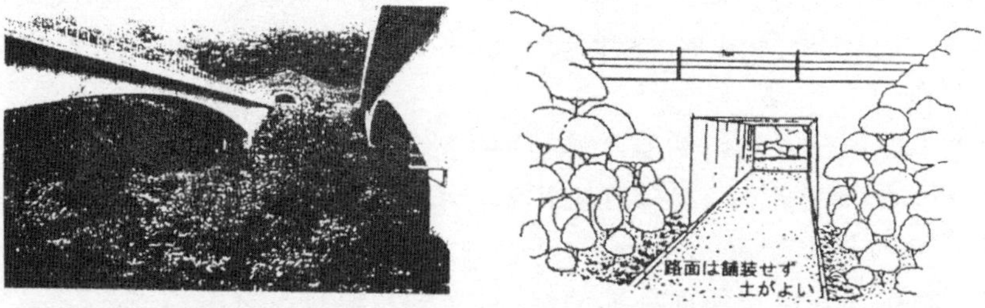

(a) 为了保护湿地架设桥(道央公路)　　(b) 保护野生动物设置的道路用隧道

图 3－11　减少对环境影响的道路

所以，在优美的自然环境中对道路进行规划及设计时，根据地区的实际情况，需要考虑动植物生态等自然环境。

3.5　积雪严寒地区的道路构造

3.5.1　机动车通行空间的道路构造

在积雪严寒地区，由于下雪、除雪和堆雪造成了车道宽度变窄以及路面结冰等情况，为了保证冬季机动车通行的安全和顺畅，应根据需要采用如下道路构造措施。

1. 有效的车道宽度

在冬季为了保证道路的有效车道宽度，根据地区积雪的深度，为了有效地除雪、排雪，要保证堆雪宽度，并根据需要设置流雪沟和融雪设施等。

2. 路面结冰的应对措施

路面结冰会降低通行的安全性和舒畅性，考虑冬季的路面状况，道路应采用合适的坡度和线形，需要时设置融雪设施等。

3. 雪崩、飞雪、沉雪的应对措施

由于局部的雪崩、飞雪和沉雪，会威胁通行的安全性和顺畅性。在这样的地区，应根据需要设置防止雪崩的防护栏等，以及防止飞雪和沉雪的防雪栏杆。

4. 其他注意事项

天气变化快的垭口等位置，应根据需要设置防滑链装卸场地、道路信息提供装置、气象观测装置以及交通隔断设施等。

综上，在冬季机动车通行的安全性和舒畅性都降低的积雪严寒地区，为了能够保证机动车一定的通行功能，应该采用应对积雪结冰情况的道路构造。

3.5.2 行人通行空间的道路构造

由于积雪会减少人行道的宽度，路面结冰会引起行人跌倒，在冬季应该进行特殊的通行限制，使行人安全顺畅地通行。此时在道路中需要设置如下的交通无障碍措施。

1. 人行道的有效宽度

在冬季为了保证行人通行的有效宽度（自行车通行时可以不考虑），根据需要，应在人行道等部分设置堆雪宽度。在保证堆雪宽度有困难时，应根据需要设置融雪设施。

2. 路面结冰的应对措施

人行道等的设置要考虑路面结冰的情况，根据需要宜设置融雪设施。

积雪严寒地区人行道等的路面铺装，考虑冻结情况下，融雪设施的性能降低，应该采用相对于鞋和轮椅防滑能力强且平坦的道路构造。在横穿马路的人行道连接部分需要采用防滑能力强的道路构造。

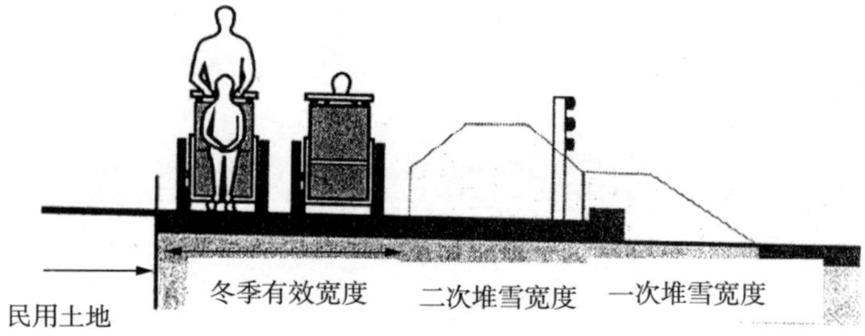

图 3-12 考虑堆雪的人行道等宽度

综上，由于积雪会减少人行道宽度，路面结冰会引起行人跌倒，因此在冬季应该进行特殊的通行限制，为了保证行人在冬季的安全通行，需要设置无障碍的道路构造。

第 4 章　道路规划与设计中的注意事项

4.1　考虑将来道路的发展

1. 考虑将来道路沿线状况的变化

道路有促进街区化的功能，在城市郊区，随着道路的建设，预计将来道路两旁会出现商业设施林立的现象。这时，由于道路沿线有车辆进出会降低主线交通的顺畅性。

因此，对于地区高标准道路、地下通道、环线道路等，将来也需要保证一定的服务速度并重视车辆的通行功能。为了防止这种现象的发生，应设置辅助道路，采用限制部分出入的道路构造。由此，需要预先设置限制沿线车辆进出主线道路的设施。

2. 分阶段建设的道路要考虑将来扩建施工的情况

规划为 4 车道或者 6 车道的道路进行分阶段建设，在初期暂时修建 2 车道或 4 车道，初期建设的道路形态如图 4 - 1 所示。

无论初期建设为哪种道路形态，都要考虑将来扩建施工时的投资费用和在扩建施工时对已建成道路交通的影响，同时，也应该考虑在第 1 类及第 2 类等高标准道路中保证一定的服务速度和安全，在第 3 类及第 4 类道路中保证与道路沿线的进出性。

在确定初期建设的道路构造时，要考虑构造的连续性以及将来扩建施工的重复性，需要对道路进行综合判断确定。

将来为机动车通行功能的道路，为了防止由于沿线进出交通妨碍主线的通行功能，需要事先限制直接从沿线进出主线的车辆。

分阶段进行建设的道路在进行规划设计时，要考虑经济性和将来扩建施工的方便性，同时还要考虑暂时为车辆提供通行功能时，道路利用者的安全性以及沿线进出等因素。

4.2　形成良好的景观

1. 与周围环境相协调

道路是构成地区景观的重要元素之一，特别是桥梁等道路构造物对当地的景观影响较大。因此，道路规划从早期的线形设计、构造物形式的选择等，就要考虑景观设计。景观设计应考虑以下几点：

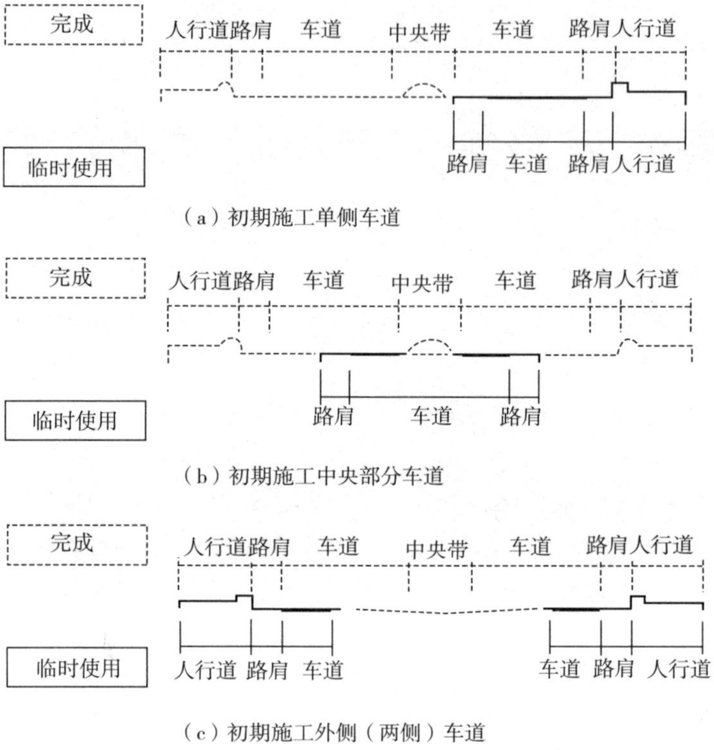

图 4-1　4 车道道路初期建设时的道路构造

(1)道路景观是构成和协调周围环境的要素。因此，为了使道路与周围环境相协调，在山岭丘陵等地区不宜将道路设计为直线，曲线的道路线形可以使之与周围的环境更好地融合；

(2)桥梁等构造物景观性要求比较高时，要采用对周围环境影响小的形状和颜色，并与周围景观相适应。

2. 与当地居民合作，形成一体的道路景观

在城市道路中，采用与沿线景观相协调的道路构造是很重要的。因此，为了形成与道路沿线一体的景观，由当地公共团体和沿线居民协助，在道路沿线尽量采用统一的建筑物高度和设计等，并规范户外的广告牌。同时，为了形成优美的景观要广泛征求意见，积极听取当地居民的意见和评价，对沿线道路景观的形成都是很重要的。

综上，道路是构成地区景观的重要元素，对于道路的线形设计以及会成为地区标志性的桥梁等道路构造物，从早期规划阶段开始，就需要讨论景观设计。同时还需要考虑与当地居民等合作，建设与道路沿线一体的沿线景观。

4.3　注意养护管理

为了形成高效的道路养护管理，降低日常维修养护的费用，并在施工管制和交通事

故等紧急状态下对道路交通的影响最小化，需要有高效的道路管理设施。

1. 降低日常维修养护费用

在道路建设中从减少费用，并提供高效的道路养护管理角度看，不但要考虑降低道路建设初期的费用，还应降低道路日常维修更新的费用。因此，从技术开发角度出发，在道路规划设计阶段就要考虑以下几点：

(1)采用长寿命的材料和构造(长寿命化)；

(2)容易养护管理，或者采用较少的材料和施工就能完成养护工作(最小化)；

(3)缩减工期和减少外部费用(如由于施工带来的堵塞导致的费用损失)。

2. 施工管制与交通事故紧急状态的应对措施

在重视服务速度的道路中，养护管理作业和事故处理成为交通堵塞的主要原因，为了能够最低限度的降低对车道管制所产生的影响，应设置方便养护管理的道路构造。如设置加宽的路肩作为紧急停车带，设置开口式中央带等。

3. 高效的道路管理

从设计阶段就应考虑灵活运用信息通信技术，设置高效合理的道路管理设备。

(1)道路监控设备

道路监控设备可以实时监视道路构造物、护坡、路面状况、天气状况等，当发生异常时能迅速做出应对反应。为了收集道路信息，需要时宜设置照相机和检测仪器以及道路管理用光缆等基础设备。

(2)超载等违规车辆的管理设备

车辆发展的趋势为大型化和重载化，同时也导致了违规车辆的增加。这种情况下，不但加快了道路损坏的速度，也增加了发生重大交通事故的危险性。因此，为了高效的管理超载车辆等违规车辆，在需要时应设置特殊车辆测重装置等。

4.4　城市道路规划的注意事项

根据预想的将来街区的形态，确定城市道路交通网络规划，根据规划结果对道路进行建设。这个建设过程将需要较长的时间。

在建设城市规划的道路过程中，由于社会形势等发生变化导致道路所追求的功能发生改变或者当道路构造的相关规范发生变更时，要根据这些具体情况对道路构造进行改变。

在进行城市道路网络规划时，应考虑将城市道路网与区域道路网整合，考虑城市道路网与土地利用及其他城市设施的相互关系，考虑将机动车专用道路、干线道路、街区道路以及特殊道路进行适当的组合，形成城市规划交通网及城市框架。同时，城市道路网的规划还应考虑地形地质等自然条件、市区形态和现状土地利用，以及应该保护的自然环境、历史环境等社会条件。关于城市道路网规划的确定可以参考《城市规划指南》、《面向实际技术人员编辑的新城市规划手册》(日本城市规划学会编)。

对于已经确定的城市规划道路，应该根据后期的实际情况不断进行评价及修改，直到建完为止。当土地利用状况等发生变化或道路构造的相关规范发生变更时，应根据需要修改。例如，为了适应城市开发项目，可以根据需要增加新的道路或扩宽既有道路以变更城市道路网规划。

由于交通量的增加，需要考虑扩宽城市规划道路，由于道路沿线有大量的永久建筑物，如果依据道路构造法令的规定变更道路宽度，会造成建设费用的大量增加，对社会的影响也较大。这种情况下，应考虑该道路的一部分功能由其他道路代替，讨论能否用现有道路网中的道路来处理将来增加的交通量，尽量不对规划的道路进行扩宽。在此基础上，对相关城市规划道路网进行适当的变更。

第 5 章　道路等级的划分

5.1　道路的划分

5.1.1　道路等级划分的适用性

道路等级的划分是根据道路的种类、规划交通量、道路存在地区的地形情况，以及主要考虑机动车的交通功能而进行确定的。

行人及自行车的交通功能应该与机动车的交通功能分开考虑，同时，道路的空间功能也与机动车的交通功能没有直接关系。对于这些功能所对应的道路构造不能按照道路的划分统一确定，应根据地区实际情况灵活确定。

在道路规划时，要根据各类道路的地区特征、交通特征以及交通网络需要明确其功能，为了保证这些功能来确定道路构造。道路划分的适用性见图 5－1。

5.1.2　道路种类与等级的划分

道路等级的划分是道路规划设计的基础，根据道路所存在的地区和道路的交通状况、地形状况和规划交通量可以划分为第 1 类 1 到 4 级、第 2 类 1 和 2 级、第 3 类 1 到 5 级和第 4 类 1 到 4 级，见表 5－1。

表 5－1　道路的等级

道路所在地区 / 高速公路、机动车专用道路及其他道路	郊区部分	城市部分
高速公路以及机动车专用道路	第 1 类	第 2 类
其他道路	第 3 类	第 4 类

根据道路的交通状况，第 1 类道路按照表 5－2 的规定，从第 1 级到第 4 级；第 2 类道路按照表 5－3 的规定，从第 1 级到第 2 级；第 3 类道路按照表 5－4 的规定，从第 1 级到

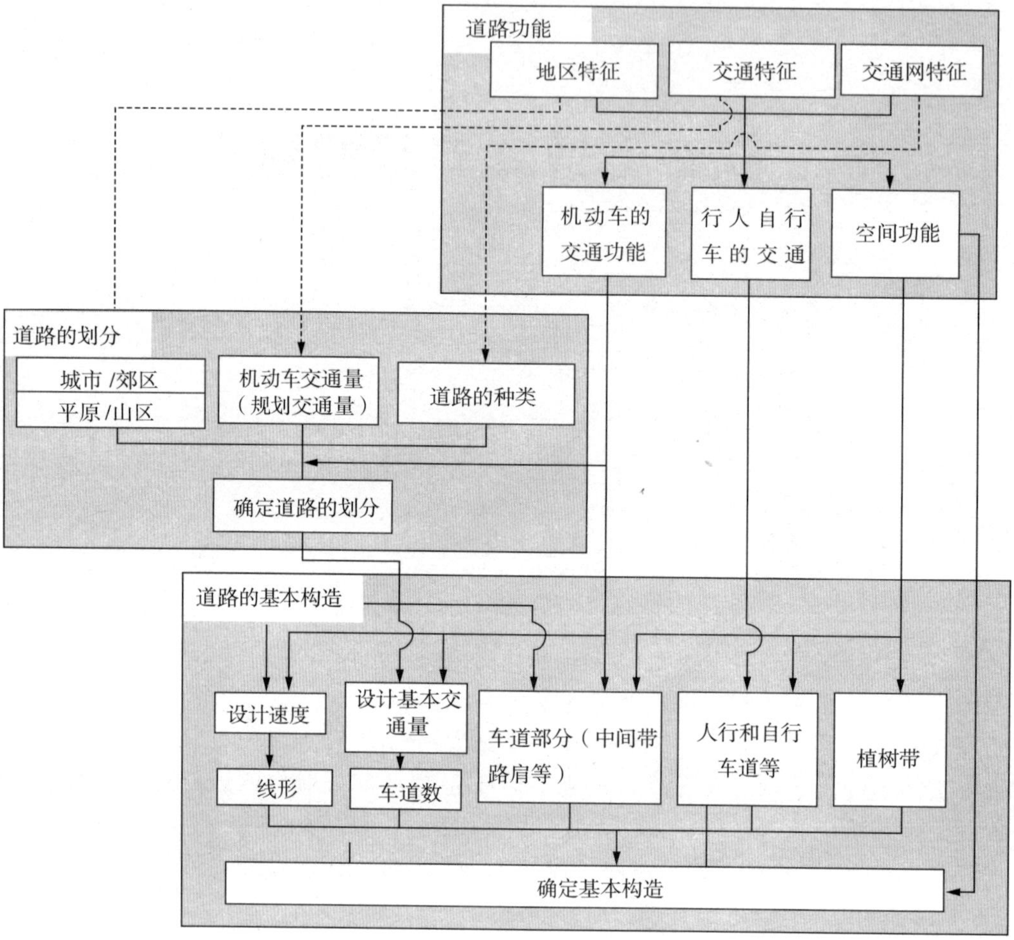

图 5－1　道路划分的适用性

第 5 级；第 4 类道路按照表 5－5 的规定，从第 1 级到第 4 级分别进行等级划分。由于地形情况或者其他特殊原因不得已的情况下，除第 1 类第 4 级、第 2 类第 2 级、第 3 类第 5 级或第 4 类第 4 级道路以外，其他道路等级可以按其下一等级划分。

表 5－2　第 1 类道路的分级

规划交通量(辆/每日)					
道路的种类	道路所在地区的地形	30000 辆以上	20000 以上 30000 辆以下	10000 以上 20000 辆以下	10000 辆以内
高速公路	平原	第 1 级	第 2 级		第 3 级
	山区	第 2 级	第 3 级		第 4 级
高速公路以外的道路	平原	第 2 级		第 3 级	
	山区	第 3 级		第 4 级	

表 5-3　第 2 类道路的分级

<table>
<tr><th>道路所在的地区
道路的种类</th><th>城市市中心以外的地区</th><th>城市市中心</th></tr>
<tr><td>高速公路</td><td colspan="2">第 1 级</td></tr>
<tr><td>高速公路以外的道路</td><td>第 1 级</td><td>第 2 级</td></tr>
</table>

表 5-4　第 3 类道路的分级

<table>
<tr><th colspan="2">规划交通量(辆/每日)</th><th rowspan="2">20000 辆以上</th><th rowspan="2">4000 辆以上
20000 辆以下</th><th rowspan="2">1500 辆以上
4000 辆以下</th><th rowspan="2">500 辆以上
1500 辆以下</th><th rowspan="2">500 辆以内</th></tr>
<tr><th>道路的种类</th><th>道路在地区的地形所</th></tr>
<tr><td rowspan="2">一般国道</td><td>平原</td><td>第 1 级</td><td>第 2 级</td><td colspan="3">第 3 级</td></tr>
<tr><td>山区</td><td>第 2 级</td><td>第 3 级</td><td colspan="3">第 4 级</td></tr>
<tr><td rowspan="2">都道府县道</td><td>平原</td><td colspan="2">第 2 级</td><td colspan="3">第 3 级</td></tr>
<tr><td>山区</td><td colspan="2">第 3 级</td><td colspan="3">第 4 级</td></tr>
<tr><td rowspan="2">市町村道</td><td>平原</td><td colspan="2">第 2 级</td><td>第 3 级</td><td>第 4 级</td><td>第 5 级</td></tr>
<tr><td>山区</td><td colspan="2">第 3 级</td><td colspan="2">第 4 级</td><td>第 5 级</td></tr>
</table>

表 5-5　第 4 类道路的分级

<table>
<tr><th>规划交通量(辆/每日)
道路的种类</th><th>10000 辆以上</th><th>4000 辆以上
10000 辆以下</th><th>500 辆以上
4000 辆以下</th><th>500 辆以内</th></tr>
<tr><td>一般国道</td><td colspan="2">第 1 级</td><td colspan="2">第 2 级</td></tr>
<tr><td>都道府县道</td><td>第 1 级</td><td>第 2 级</td><td colspan="2">第 3 级</td></tr>
<tr><td>市町村道</td><td>第 1 级</td><td>第 2 级</td><td>第 3 级</td><td>第 4 级</td></tr>
</table>

第 1 类、第 2 类、第 3 类第 1 级到第 4 级的道路，或者第 4 类第 1 级到第 3 级的道路(第 3 类第 1 级到第 4 级或第 4 类第 1 级到第 3 级的道路限于高架道路以及在构造上其他机动车不能进出沿线的道路)，由于地形情况、市区规划情况以及其他特殊原因，在不得已的情况下，除小型机动车等(指小型机动车以及其他类似的小型机动车，以下同)以外的机动车可以在附近绕道行驶时，此道路可作为仅供小型机动车等(如第 3 类第 1 级到第 4 级以及第 4 类第 1 级到第 3 级道路，指小型机动车、行人及自行车)通行的道路。

第 1 类、第 2 类、第 3 类第 1 级到第 4 级道路，或者第 4 类第 1 级到第 3 级道路，由于地形情况、市区规划情况以及其他特殊原因，在不得已的情况下，可以将只供小型机动车通行的行车道与其他行车道分开设置。在这类情况下，当第 3 类第 1 级到第 4 级以及第 4 类第 1 级到第 3 级的道路要设置只供小型机动车等通行的行车道时，这部分道路要采用高架道路(即其他机动车不能出入沿路区域)的道路构造。

1. 道路种类与级别的划分

道路种类与等级的划分是根据道路所在地区的实际情况、地形情况以及规划交通量，从道路构造标准的观点，把采用相同设计标准的区间分成一类。道路的种类、体系见表5－6。

首先可将道路分为国有高速公路、机动车专用道路与其他道路3大类。

这里所说的机动车专用道路是指道路法指定的机动车专用道路，应该区别于根据道路交通法由于交通管制禁止机动车以外车辆通行的道路。国有高速公路是指从建设初期即只提供机动车通行的道路，广义上讲是机动车专用道路。因此，在本书中，机动车专用道路包含了国有高速道路和道路法规定的机动车专用道。

其次，相应于各类道路存在的区域，即地区和城市分为第1类到第4类道路，每个道路种类与级别都是根据相应的道路所存在区域的地形和规划交通量来划分的。

第1类道路是郊区中的机动车专用道路，分第1级、第2级、第3级和第4级。

第2类道路是城市中的机动车专用道路，分第1级和第2级。

城市高速公路即为城市中的机动车专用道路，与城市之间的高速道路即与城市之外郊区中的机动车专用道路相比有很大的区别。城市高速公路通过的地区是住户密集、地价高的地区，而且该道路的交通量也比城市之间的高速公路多，距离也较短。对于具有这样特征的城市高速道路，与长距离的城市之间的高速道路相比，重点不是高速通行，而是顺畅圆滑的处理大量的交通量，最小限度地减少对已形成市区的影响。因此，城市高速公路不得不降低设计标准。

第3类道路存在于郊区，为机动车专用道路(一般的道路)之外的道路。级别为第1级、第2级、第3级、第4级及第5级共5个等级。

第4类的道路是存在于城市的道路，也就是相当于城市街道。划分的级别有第1级、第2级、第3级以及第4级共4个等级。

第3类第5级与第4类第4级道路，也就是所谓的低标准单车道的道路。第3类第5级道路是存在于郊区的低标准的单车道道路，第4类第4级是城市区域内存在的低标准的单车道道路。这两类道路，分别适用于在未来交通量增幅不大的郊区路线或者城市内的支路。

2. 普通道路、小型道路的划分

道路分为小型道路和普通道路，小型道路是指仅供小型汽车等(第3类第1级到第4级，或者第4类第1级到第3级道路，包括小型汽车、行人及自行车，以下同)通行的道路以及仅供小型汽车通行用的行车道部分(以下同)，普通道路是指除小型道路以外的道路及道路部分(以下同)。

(1)普通道路

普通道路是根据规定以供小型汽车、普通汽车、单轴挂车通行为目的，具有通行功能、交通功能等一般功能的道路。

(2)小型道路

小型道路是仅供小型机动车等通行为目的的道路，主要考虑通行功能。

小型道路有两种情况：

第一种情况：道路本身从其他道路中独立出来作为小型机动车通行用的道路。

第二种情况：道路的一部分(例如能同时行驶4辆车的道路内侧的两车道作为小型机动车通行的道路)。

小型道路仅适用于满足以下条件的情况：

① 设置普通道路困难时

为了避免交通堵塞，理想的方法是设置迂回路、修建环状道路、扩建道路、改善十字路口等，但是实际上在已建成的市区中修建或是因为确保用地等原因，这些方法难以实现。这种情况下，与其限制小型车辆等或是根据车道宽度、建筑界限、纵断坡度等进行特别设计，小型道路能更有效的避免交通堵塞。

因此，在土地受限的城市、城市近郊、观光地区周边等，一般道路的建设较为困难的场所，以缓解交通堵塞为目的，适用道路构造法令中“当地形情况、街道化的原因等其他特殊理由不可避免的情况”时道路可以作为小型道路进行建设。

② 无机动车进出沿线的道路

小型道路是仅适用于无机动车进出沿线功能的道路。在小型道路中，如果建设成机动车能够进出沿线的道路构造，在沿线设置限制货车等进入小型道路设施就会比较困难。因此，第 3 类从第 1 级到第 4 级，还有第 4 类从第 1 级到第 3 级的小型道路，高架桥等采用限制其他机动车出入的道路构造。而且，第 3 类第 5 级及第 4 类第 4 级道路等低标准的单车道道路没有行车道的概念，所以不作为小型道路限制沿线车辆的出入。

第 1 类及第 2 类道路是国有高速公路或机动车专用高速道路，根据道路法及国有高速公路法规定对沿线进行出入限制。

③ 该道路附近存在可以让货车绕行的道路

根据道路构造法令的相关规定，以及地形状况等其他特殊情况，该道路附近存在超出小型机动车等标准的大型货车（普通车辆、铰接列车等）能够绕行的道路时，该道路可以建成小型道路构造。

第 3 类从第 1 级到第 4 级，还有第 4 类从第 1 级到第 3 级的小型道路，都可以设置人行道、自行车道和机动车道等。

表 5-6　道路种类与等级的划分

<table>
<tr><th rowspan="2"></th><th rowspan="2">地域</th><th rowspan="2">类别</th><th rowspan="2">级别</th><th rowspan="2" colspan="2">设计速度(km/h)</th><th rowspan="2">出入限制</th><th colspan="4">规划交通量(辆/日)</th><th rowspan="2">摘要</th></tr>
<tr><th>30000以上</th><th>30000～20000</th><th>20000～10000</th><th>不足10000</th></tr>
<tr><td rowspan="11">国有高速公路</td><td rowspan="9">郊区部分</td><td rowspan="9">第1类</td><td>第1级</td><td>120</td><td>100</td><td>F</td><td>高速平原</td><td></td><td></td><td></td><td></td></tr>
<tr><td rowspan="2">第2级</td><td rowspan="2">100</td><td rowspan="2">80</td><td rowspan="2">F.P</td><td>高速山区</td><td colspan="2">高速・平原</td><td rowspan="2"></td><td rowspan="2"></td></tr>
<tr><td colspan="2">专用・山区</td><td></td></tr>
<tr><td rowspan="3">第3级</td><td rowspan="3">80</td><td rowspan="3">60</td><td rowspan="3">F.P</td><td rowspan="2"></td><td colspan="3">高速・山区高速・平原</td><td rowspan="3"></td></tr>
<tr><td colspan="3"></td></tr>
<tr><td colspan="2">专用・山区</td><td colspan="2">专用・平原</td></tr>
<tr><td rowspan="3">第4级</td><td rowspan="3">60</td><td rowspan="3">50</td><td rowspan="3">F.P</td><td rowspan="3"></td><td rowspan="3"></td><td rowspan="2"></td><td rowspan="2">高速山区</td><td rowspan="3">设计速度60km/h</td></tr>
<tr></tr>
<tr><td colspan="2">专用・山区</td></tr>
<tr><td rowspan="2">城市部分</td><td rowspan="2">第2类</td><td>第1级</td><td>80</td><td>60</td><td>F</td><td colspan="4">高速，专用・城市中心除外</td><td rowspan="2"></td></tr>
<tr><td>第2级</td><td>60</td><td>50
40</td><td>F</td><td colspan="4">专用・城市中心</td></tr>
</table>

（续表）

	地域	类别	级别	设计速度(km/h)		出入限制	规划交通量（辆/日）20000以上	20000～10000	10000～4000	4000～1500	1500～500	不足500	摘要
其他道路	郊区部分	第3类	第1级	80	60	N. P	国道平原						
			第2级	60	50 40	N. P	国道山区	国道平原					
							县道 市道 平原						
			第3级	60 50 40	30	N		国道山区		国道 县道 平原			
						N	县道 市道 山地			市道平原			
			第4级	50 40 30	20	N				国道 县道 山区			
										市道山区	市道平原山区		
			第5级	40 30 20	—	N						市道平原山区	除小型道路
	城市部	第4类	第1级	60 40	50	N	国道						
							县道 市道						
			第2级	60 50 40	30	N				国道			
								县道市道					
			第3级	50 40 30	20	N				县道			
										市道			
			第4级	40 30 20		N						市道	除小型道路

注：(1)表中用语的意思如下，高速：国有高速公路；专用：机动车专用道路；国道：国有道路；县道：都道府县道路；市道：市区道路；平原：平原部分；山区：山区部分；市区：城市部分；F：完全限制进出；P：部分限制进出；N：不限制进出。

(2)设计速度的右栏的值适用于由于地形等原因不得已的情况。

(3)表中进出限制表示的是普通道路，原则上小型道路要完全限制进出。关于进出限制参考5.5部分的相关内容。

(4)由于地形等原因不得已时可以考虑适用降一个等级。

5.1.3　道路的种类与级别之间的关系

如前所述，在道路进行规划时，多种功能的道路要考虑整个交通网体系进行建设，重视道路的功能进行道路划分，在此基础上确定了道路的种类和等级。因为道路构造法令作为法规，在某种程度上需要使用明确的指标，所以用道路种类代表交通网特性，用规划交通量代表交通特性。但这些并不适用于机动车专用道路。机动车专用道路是根据道路存在的地域、地形状况划分种类和级别的。在实际应用时，适当的考虑道路功能进行道路建设。

1. 高速公路

高速公路是机动车专用道路，在郊区中属于第 1 类，在城市中属于第 2 类。对于第 1 类道路有第 1 级到第 4 级 4 个级别。为了交通的处理和驾驶员的驾驶操作，最好采用高标准道路。但是，从道路的重要性、道路本身的情况、建设费用等方面来讲，有时不能满足所规定的标准。对于道路重要性的衡量标准，需要综合考虑交通量、大型车的比率、行驶距离、路线位置等因素，要想把所有的衡量标准都明确地显示出来也是非常困难的，所以就用规划交通量来代表。

按照规划交通量进行道路等级划分：在平原地区，六车道以及交通流量较大的四车道（年平均日交通 30000 辆以上）的重要道路为第 1 级；交通量较少的四车道以及交通量较多的二车道（年平均日交通量 10000 辆到 30000 辆）为第 2 级；交通量较少的二车道（年平均日交通量少于 10000 万辆）为第 3 级。与平原地区相比，山区受地形条件的制约，大量的建设费用通常只能带来很小的建设效果，所以山区比平原地区的规定低一级（设计速度降低 20 公里/小时）。如果既存在着实际的技术困难，又不可能花费巨大的建设费用，作为例外的规定，除了第 1 类第 4 级道路以外，可以降至下一级别进行道路建设。如果采用这个例外规定，路线的特点属性和几何构造的连续性都需要引起足够的重视。

城市的高速道路，属于第 2 类第 1 级。在城市中心这样高度城市化的地区，如果所有道路划分为第 2 类第 1 级，将会不可避免的发生拆迁钢筋混凝土高层建筑以及长距离绕行的情况。因此，在不得已的情况下，道路划分可以选择降一级的第 2 类第 2 级。城市间的高速道路与城市内部的高速道路连接时需要进行第 1 类第 1 级和第 2 类第 1 级道路的连接。在这种情况下，为了使已经适应了高速行驶的驾驶员顺利地适应城市高速道路的速度，需要考虑设置第 1 类第 2 级道路设计区间的过渡段。正是因为存在这类情况，所以对于道路的划分应该充分考虑交通情况。

2. 高速公路以外的机动车专用道路

高速公路以外的机动车专用道路，在郊区为第 1 类，在城市为第 2 类。与高速道路相比，此类机动车专用道路行驶距离一般较短。因为需要处理更多的交通，所以，设计速度也比高速道路低。在平原地区，第 2 级道路的规划交通量大概为年平均日交通量 200000 辆/日以上（4 车道以上），不足 200000 辆/日时为第 3 级。

与高速公路的考虑相同，在山区，代替第 2 级、第 3 级而使用第 3 级、第 4 级道路。即在平原地区为第 2 级、第 3 级的道路进入山区后，划分为第 3 级、第 4 级道路。

在城市中，与规划交通量无关，城市中心的机动车专用道路为第2类第2级道路，在其他地区为第2类第1级道路。城市中心的机动车专用道从该道路的规划交通量来看一般在4车道以上。一般来讲，城市中心区域包含与业务及商业相关的土地利用区域，以及由此形成一体的市区街道。

在城市的中心区域，土地高效利用，一般建筑都建设成永久的建筑物。因此，采用第2类第1级道路的设计标准会花费庞大的费用，所以适合建设成第2类第2级道路。

另一方面，城市中心以外地区的机动车专用道路，比在城市中心的交通具有更长的行驶距离。为了能够使高速公路行驶的机动车向城市中心快速行驶，应使用第2类第1级道路；密集的城市街区等不得已时可以作为特例降一级采用第2类第2级道路。

3. 普通国道

在郊区，由于道路要与普通国道或高速公路一起，成为全国性道路网的干线道路，即使是第3类道路也应该采用高标准级别进行道路建设。在平原地区，4车道(特殊情况当年平均日交通量未满20000辆/日的除外)以上的道路分为第1级，交通量较多的2车道道路与交通量较少的4车道道路分为第2级。交通量较少(年平均日交通量未满4000辆/日)的支线性质的道路为第3级。另外，在山区可以降一级进行道路建设。

在城市地区，一般为第4类第1级道路。规划年平均日交通量未满4000辆/日时，虽然是国道，但是考虑到是支线型道路，可降一级为第4类第2级道路。

4. 都道府县道(日本的都道府县与我国的省区直辖市相当，都道府县道与我国的省道相当)

都道府县道形成了地方干线道路网，从道路功能进行分类包括一部分主要干线道路。因为路线延长区道路与国道相比作为干线道路的功能较弱，所以，不需要使用第1级道路。平原地区，规划年平均日交通量在4000辆/日以上的为第2级道路，4000辆/日以下时，与一般国道相同，为第3级道路。在山区降一级标准，选择第3级或第4级道路。

在城市里规划交通量不足4000辆/日时，一般是辅助干线道路的道路。因此，比国道低一级为第4类第3级道路。另外，设计速度为60km/h的第1级道路适用于交通量大(年平均日交通量为10000辆/日以上)的2车道以上的道路。在两者之间的为第2级道路。

5. 城镇道路

广泛存在于日常生活中的道路是城镇道路，这类道路缺少作为干线道路所具备的特性。年平均日交通量在4000辆/日以上时，与都道府县道路的划分是相同的。规划交通量不足4000辆/日时，即使在交通量非常少，不足1500辆/日的平原，也与山区相同划分为第3类第4级道路。另外，当交通量非常少(年平均日交通量不足500辆/日)时，即使是单车道的道路，在处理交通不困难的情况下，如有避让车道可以进行车辆错车，可以采用第3类第5级道路。在城市中，规划交通量大于500辆/日时与都道府县道路相同。对于交通量较少(不足500辆/日)的一般街区的道路，可以采用第4类第4级道路。

5.2　规划交通量与设计时间交通量

5.2.1　道路的规划设计年限

在道路规划设计年限内要根据土地利用的开发、产业经济的发展以及人员的妥善安置等，推算出交通需求与道路网的对应关系，根据预测的机动车年平均日交通量（规划交通量）来确定道路路线的规划。

道路规划设计年限取道路建成后几年合适，根据路线的特征及重要性的不同而不同。一般来讲，对于现有的预测方法，预测的年限一般是 20 年。考虑大于 20 年作为规划设计年限的意义较小，因此，大多数道路规划设计年限的时间为 20 年。对于一般都道府县道路与城镇道路，规划设计年限为 10 年。在确定规划设计年限时，宜考虑路线特征和规划建设时期等。

5.2.2　规划交通量

规划交通量一般是指将来在规划路线上通行车辆的年平均日交通量。道路构造标准的依据除了规划交通量之外，还包括大型货车交通量及行程距离等的道路功能的交通特性。这些依据中，对道路构造影响最大的是规划交通量。因此，在道路规划确定时，必须考虑地区的发展动向，以及未来机动车交通状况等。

图 5－2 是推算规划交通量的基本流程。在基本流程中，规划交通量应根据规划的目的、规划的对象来选择和推测适合的分析方法和预测方法。

以下论述各部分的内容。

1. 规划框架的设定

规划框架的设定是道路网规划中必不可少的组成部分。同时规划框架也反映了规划交通量的预测、道路网规划的目的、对象及与规划范围的密切关系。

规划框架的设定首先要明确规划的目的，以及达到该目的需要哪些数据、需要哪些预测方法及如何进行规划，这些都是应该预先研究的内容。

（1）明确规划的目的

在较大范围内，应该明确规划是否考虑重新组建道路网，以及处理现有道路部分障碍路段等规划方案的必要性和目的性。在此基础上，设定规划的范围和对象，并根据需要确定现状调查的内容及预测流程等规划调查的框架。

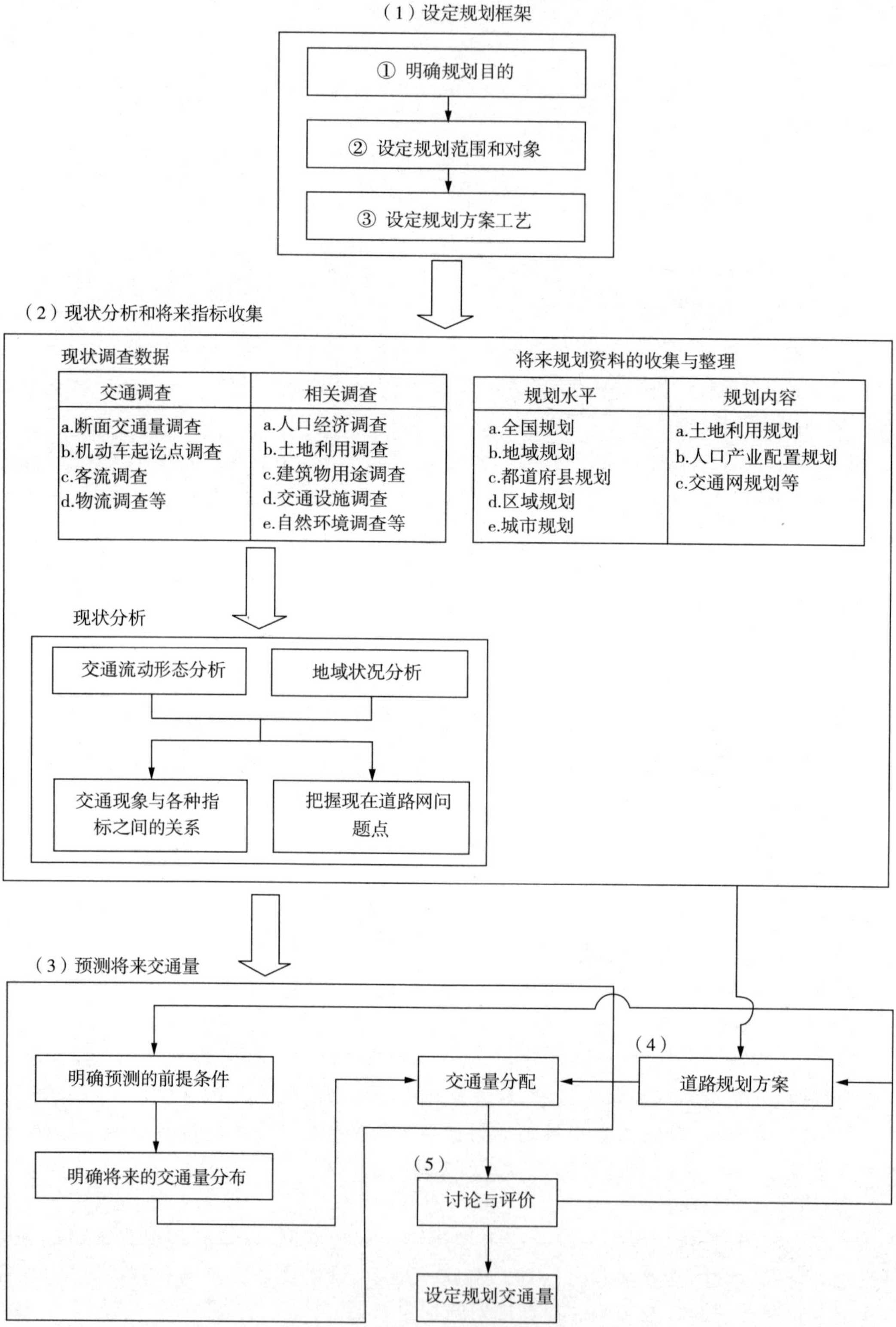

图 5－2　规划交通量推算的流程

(2)设定规划的范围及对象

根据规划目的,设定规划对象的范围和规划对象的地理区域,并确定道路规划方案需要调查的内容。调查对象的内容与范围包括调查的项目及能够利用的信息。道路作为交通设施及公共空间等拥有多种功能,因此除了调查必要的信息及相关的交通数据外,道路交通还会涉及社会、经济等更广的范围。道路规划需要利用的信息是根据规划目的、所需精度、地域特征等确定的。根据规划的需要通过其他途径的调查来收集数据,但最终以能够得到的数据为基础。规划对象的地理区域范围是指道路规划对象道路网所涵盖的地区。调查时,考虑对规划对象范围以外地域的影响,以及经济、社会等方面的活动范围,需要设定合适的调查区域。

(3)规划方案流程的设定

根据规划的目的、对象以及设定的范围选择最合适的规划方案程序,并明确各阶段规划程序的关系。规划方案程序的选定,要考虑规划的目的、必要的精度、地域特征、时间性以及费用等制约因素。都道府县主要道路以上的道路网进行规划时,以道路交通调查(机动车OD调查,一般交通量调查)获得的数据为基础完成道路交通规划。对于数据的调查来说,调查数据的时间累积、全国统一的相关调查内容、数据精度等方面都是有效的。另一方面,在规划设定的范围中,尽可能的灵活运用机动车OD调查、居民出行调查及货物源流调查等数据。

某些特定道路(区间)进行规划时,调查内容可以进行简化。例如,对于短区间道路的改建、加宽或小规模的下穿式立交等情况,可以根据交通量随时间的变化、路线之间交通量的分担关系、周边地域人口、经济指标等调查,来预测未来的交通量。

2. 现况分析与未来指标的预测

在规划交通量的预测方面,最基本也是最重要的是正确分析现状道路交通及道路所存在的实际情况。因此,需要对有关交通量的各类关联调查及资料进行收集整理和分析。其次,为了更好的掌握交通现象和各类指标之间的关系,应该灵活运用调查得到的现状数据。在利用现有资料时,需要考虑以下两点内容:

- 整合需要调查的地域范围或者能够收集资料的地域范围与分析需要的地域范围;
- 相关数据及资料的调查目的和精度。

总之,交通量的预测结果是在周密严谨的讨论交通量预测值的稳定性、分布模式、出行距离长度以及车辆种类构成等基础上得到的结论。特别交通量分配环节,为了得到合理的数值,需要经过几个阶段的预测过程。因此,交通量的预测需要以现状OD表为基础,充分掌握交通运行的实际状态。另外,对于规划设计年限不长,人口经济活动配置和规模变化不大的规划区域,掌握现有的实际的交通状况是非常重要的。

(1)交通调查

① 道路断面交通量调查

调查现状道路的断面交通量,可以掌握道路利用状态及交通混杂区间等,是交通对策、道路规划的最基本的一项内容。在一般的道路交通调查中,以都道府县以上的道路作为调查对象,进行断面交通量调查及道路现状调查。

② 车辆起讫点调查

通常情况下，所谓的OD调查包含调查机动车交通的实际状态、交通量、起讫点、货物及乘车人员的流量等交通内容。调查内容除了从出发点到目的地的机动车交通量，还包括出发地的设施、出发时刻、乘车人员、装载货物的货单、吨数、行程时间及距离等。

③ 居民出行调查

在建设地铁、公共汽车、铁路或者单轨等各类交通系统的城市，确立道路规划方案时，需要得到机动车交通出行的分担情况。居民出行调查是对作为交通主体的居民的"一人一天的活动"来进行的。因此，居民出行调查最大的特点是要确定各交通系统相互之间的分担关系。调查内容是与"人的活动"相关的，包括出行目的、采用的交通方式、出行时间、起讫点以及与个人相关的各种属性。

④ 货物源流调查

货物源流调查可以掌握货车发生源、货车交通的流向以及货车在道路上的分布等实际状态。在进行居民出行调查的同时进行货物源流调查，对城市的综合交通规划是非常重要的。特别是在配送中心、物流中心或市场等流通设施规划方面提供了重要的数据依据。

调查内容包含与"货物的流动方向"相关的派送地点、配送地点的设施、装载货单、装载量、运输手段及时间等。

(2)关联调查

① 人口及经济调查

人口及经济调查是指调查规划对象所在地区、地域、城市及关联地域从古至今的人口及各类经济指标。不仅要掌握调查对象地域的现在和过去的人口及经济资料，还要对未来城市活动及人口分布预测与交通需求之间的因果关系进行分析，为掌握未来交通需求等提供基础资料。调查指标如下：

人口指标：按照产业、职业、男女和年龄等进行划分；

经济关系指标：国内生产总值、个人消费支出、民间设施投资、政府企业设备投资、国家财政、按照产业规模贷款、家庭支出等，农业、林业和水产业生产总值、制造业生产总值、零售业零售总值、商店数量、商店职员数量、商品销售额等。

② 土地利用及建筑物的用途调查

土地利用及建筑物的用途调查是关于土地及建筑物的用途、规模、所在地等相关资料的调查，根据与发生交通量之间的关系来分析研究交通的发生源单位，或者交通的发生模式。土地利用及建筑物的用途调查也是道路路线选定与评价不可缺少的数据。

③ 交通设施调查

在规划范围内，调查各类交通设施的形态、数量及配置等，调查数据除了可以掌握现状交通设施建设程度，还可以作为完成未来设施规划方案的基础资料。

3. 未来交通量的预测

所谓交通量预测是指，根据交通调查资料和发展规律，结合交通吸引、转移的分析等，推算地区、路线或路段等未来交通量的工作。对于预测的意义、解释和稳定性，需要在讨论评价阶段中进行充分的论证。

交通量预测一般包括交通量产生、分布及交通量分配等步骤，在道路规划中交通量的预测手段有两种。一种是根据机动车交通量，预测未来交通量的方法；另一种是利用居民出行调查、货物源流调查等数据，利用交通量的推算方法，并考虑机动车交通的分担率，来确定未来道路交通量的估算方法。

进行预测的一般前提条件是有规划框架与规划分区。

(1)规划框架的设定

交通是随着社会及经济活动而产生的，交通的发生量及地区之间的交通分布是根据人口和产业活动的规模及配置来确定的。在预测未来交通量时，对于人口、产业活动等的规模、配置，需要充分考虑各类规划(如国家的综合开发规划、首都规划等地方方案及受这些规划影响的都道府县规划、地域规划、城市规划等)之间的整合，并设定以交通量为前提的规划框架。

(2)调查对象的范围与分区

调查对象的范围是指规划对象道路网的范围，调查时应包含这些道路网所在的区域。交通分区是指根据分析调查对象的道路网水平，划分交通区；由于道路网水平不同，分区有所不同，如下例(见表 5－7)。

在交通分区时，根据设定分析对象的道路网水平，考虑将来各道路路线之间的相互关系和区域地区特征的均一性(土地利用形态、道路网的密度和交通状况等特性尽量一致)，以及根据分析预测等需要的各种统计指标来进行划分。

表 5－7　区域等级与对象道路网

区域等级	对象道路网
都道府县之间	国有高速公路、一般国道
地方生活圈间	国有高速公路、一般国道、主要地方道
市郡区间	国有高速公路、一般国道、主要地方道
市郡区内	国有高速公路、一般国道、主要地方道

(3)未来交通量的预测

根据交通分区不同，从未来的人口、产业经济活动的规模及土地利用状况等方面来分析交通的发生量。

根据对不同交通分区估算出来的交通量，预测未来 OD 表的方法有 Present pattern 法，Gravity model 等。

根据预测得到的 OD 表画出期望路线图，将预测得到的产生交通量分配到未来道路网的各条路线上。交通量分配的方法有分割分配法等，对于收费道路交通量分配的估算中，有以价格为参数的模型。

未来交通量的分配是指将规划中未来的道路网作为对象来进行分配，需要反复试算。这种情况下，在讨论未来道路网时，不但需要讨论未来交通需求的大小，还需要讨论由于道路新建或改建，而从其他道路上转移过来的交通量。通过综合分析 OD 表、出行距离的长短以及通过的路线等方面讨论分配结果是否正确。

4. 道路规划的方案

根据规划对象范围内未来土地利用的性质、社会经济特征、国民经济发展计划等，确定道路的规划方案。道路的规划方案，还需要考虑人口、产业等的发展趋势，未来机动车交通量状况，道路网的可靠性（灾害时的替代性）及考虑其他交通方式的综合交通体系等。

5. 规划方案的评价

交通分布预测得到的交通量分配到道路网的规划方案中，以此来判断规划方案的合理性。

通过这个步骤，对规划方案存在的问题进行修正，然后对交通量再次进行分配等，并对规划方案再次进行评价。

在反复的修改中得到最适合的道路网，即完成了对规划方案的评价。

如果在反复评价中无法得到适合的道路网，这时需要对道路规划的前提再次进行讨论。例如，深入讨论各交通系统分担率的修正、土地利用规划、人口及产业配置规划等。

6. 其他

定量及定性的预测未来交通量（规划交通量）是确定规划道路的具体标准、道路宽度等最重要的指标。

对于道路路线的规划，为了进行规划路线的测量调查，规划路线的土质调查及确定规划路线，需要对重要的道路构造物等进行调查。为了确定规划路线及投资，还需要对道路投资产生的经济效益进行调查，以得到基础资料。

以上内容论述了干线道路网或者街路网规划中未来综合交通量的估算方法。但是，在离城市较远地方的道路，有时不需要作为道路网来估算未来的交通量。对于这类道路未来交通量的预测，可以通过调查这条路线通过的交通量，简略推算这个区域未来人口的发展及机动车的增长台数，得到推算规划设计年限内的交通量。

5.2.3 道路的交通特性

道路的等级是根据道路的种类和规划交通量来进行的。道路本身拥有多种功能，有时只用规划交通量无法充分表示道路的基本特征。因此，在确定道路构造时，还需要考虑大型货车的交通量（大型货车混入率）、出行距离、昼夜分担率、交通量峰值和方向不均匀性等道路交通特性。

以下是对道路交通特性的概要说明：

1. 大型车辆的交通量（大型车的混入率）（与国内的车种比率类似）

与小汽车相比，大型车对道路构造、环境等会造成很大的影响。因此，需要考虑大型车交通量及道路交通中大型车交通量所占的比率。

例如，在确定机动车行驶的行车道、爬坡车道、路肩以及规划设计交叉口和行车道铺装厚度等方面需要考虑大型车的交通量。

在道路交通调查时，公共汽车、普通货车及特殊机动车被归类为大型车。

对于大型车的交通量（大型车的混入率）的最新数据的获得，可以参照道路交通调查和国土交通省日常交通量观测结果等。

根据 1999 年的道路交通调查，白天 12 小时交通量（全国平均）和大型车混入率见表 5-8。

表 5-8　白天 12 小时(全部车辆、大型车)的交通量和大型车混入率

道路种别＼地域区分	城市部分			地方部分		
	全部车辆	大型车	大型车混入率	全部车辆	大型车	大型车混入率
国有高速公路	41.387	11.161	27.0	16.877	4.803	28.5
城市高速公路	48.864	11.120	22.8	—	—	—
一般国有道路	18.726	2.998	16.0	6.697	1,298	19.4
都道府县道路	9.876	1.241	12.6	2.730	369	13.5

2. 出行距离

出行距离是指从出发地点到目的地的移动距离。出行距离的长短根据车辆的种类及道路的不同而有所差异。例如,大型车或高速公路长距离交通的出行比例较高等(见表 5-9)。因此,在分析道路特征时需要考虑出行距离的长短。出行距离可以参考道路交通调查(机动车起讫点调查)。

表 5-9　出行长度分布

出行长度(km)	出行长度				高速公路利用距离长度				高速道路利用率(%)	
	全体车辆		其中大型车辆		全体车辆		其中大型车辆			
	出行次数 A	分布(%)	出行次数 B	分布(%)	出行次数 C	分布(%)	出行次数 D	分布(%)	全体 C/A	其中大型车辆 D/B
5	5,893.3	41.2	265.5	24.8	2.2	0.7	0.3	0.4	0.0	0.1
5～10	3,377.1	23.6	210.3	19.7	5.9	1.8	0.8	1.0	0.2	0.4
10～20	2,808.0	19.7	234.5	21.9	27.5	8.3	3.8	4.9	1.0	1.6
20～30	1,037.8	7.3	113.9	10.6	43.7	13.1	6.3	8.1	4.2	5.5
30～50	669.7	4.7	101.2	9.5	77.6	23.3	13.6	17.5	11.6	13.4
50～70	213.7	1.5	45.2	4.2	49.6	14.9	10.2	13.2	23.2	22.6
70～100	122.1	0.9	33.6	3.1	43.1	12.9	10.6	13.7	35.3	31.6
100～150	81.0	0.6	26.4	2.5	36.2	10.9	10.1	13.1	44.7	38.3
150～200	34.2	0.2	13.0	1.2	17.7	5.3	6.1	7.8	51.8	46.6
200～300	26.3	0.2	11.7	1.1	14.9	4.5	6.4	8.3	56.6	54.7
300～400	11.5	0.1	6.2	0.6	7.0	2.1	3.8	4.9	60.5	60.7
400～500	5.4	0.0	3.2	0.3	3.1	0.9	2.0	2.6	56.8	61.4
500 以上	7.3	0.1	5.4	0.5	4.6	1.4	3.5	4.6	62.2	65.1
合计	14,2875	100	1,070.3	100	333.0	100	77.5	100	2.3	7.2
平均出行长度(km)	12.4		30.3		86.4		138.2			

注:1999 年道路交通机动车起讫点调查。

3. 交通量的昼夜分担率

道路有很多种类,有以提供日常生活活动为主体的道路,也有以运送生活必需品和生产物品为主体的道路。前者,人们日常生活从早上 7 点到晚上 7 点,这 12 小时交通量较大;后者可能会是夜间的 12 小时交通量较大。

因此，可以把一天24小时的交通量除以白天12小时的交通量，作为表示道路特征的指标。

表5-10　昼夜分担率

道路的种类	沿道状况			
	市街区	平原	山区	平均
一般国道(直辖)	1.45	1.41	1.42	1.43
一般国道	1.40	1.32	1.30	1.35
一般国道　总计	1.44	1.38	1.37	1.41
主要地方道	1.41	1.29	1.30	1.35
一般都道府县道	1.35	1.28	1.24	1.32

注：出自《1999年，道路交通调查》(国土交通省)。

4. 年平均月交通量、周平均日交通量

道路规划交通量一般是指规划设计年限机动车的年平均日交通量。在推算规划交通量时知道该道路的年平均日交通量是非常重要的。

图5-3、图5-4表示把2000年日常交通量的观测调查结果按照年平均月交通量、周平均日交通量分类得到的结果。为了求出接近年平均日交通量的交通量，宜采用离散最小的月份，或除去一周内偏离最大的一天，观测选定一天的交通量。从图中可以知道，由于地区道路功能的不同，交通量的波动也是不同的，根据已有数据掌握年平均月交通量、周平均日交通量是很重要的。

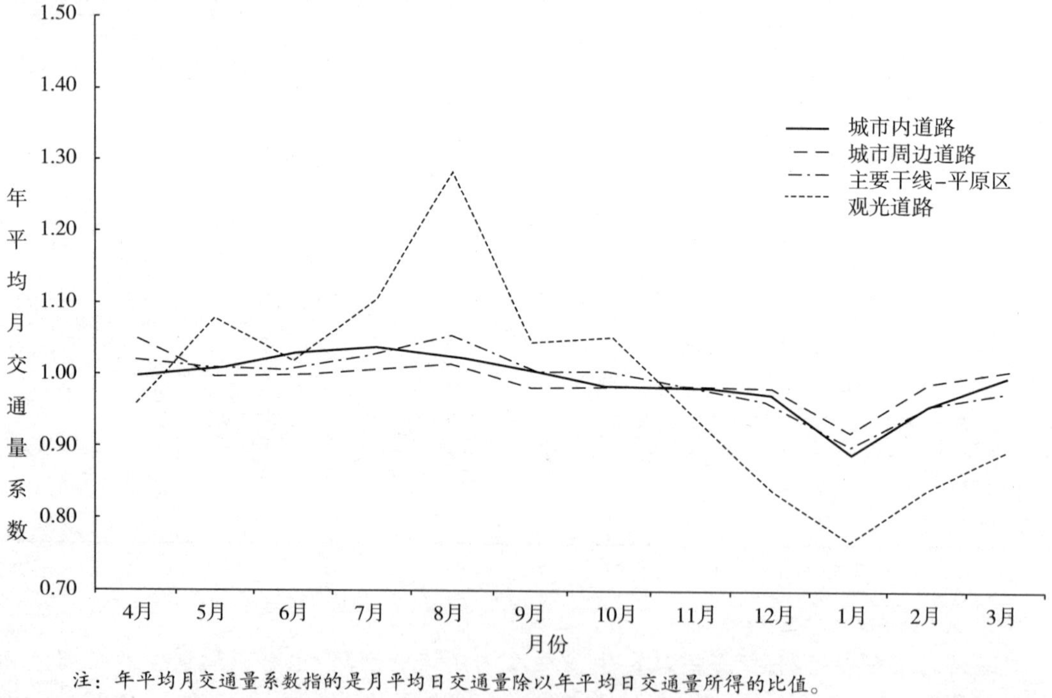

注：年平均月交通量系数指的是月平均日交通量除以年平均日交通量所得的比值。

图5-3　交通量的月变化

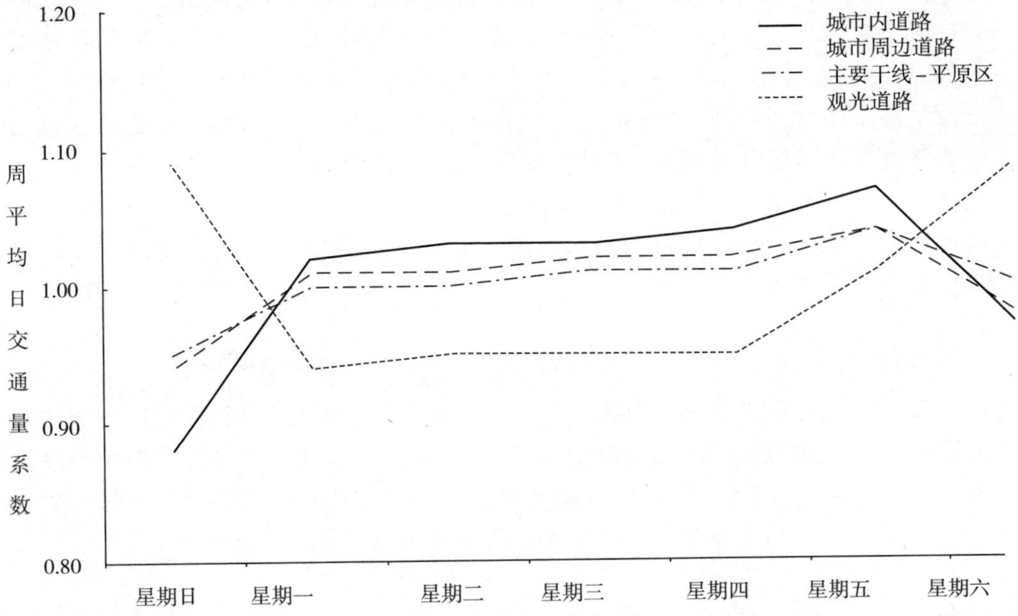

注：周平均日交通量系数指的是星期的日交通量除以这周平均日交通量所得的比值。

图 5-4　交通量的周变化

5. 高峰小时流量比(峰值率)

高峰小时流量比是指一天的高峰时间段的小时交通量(峰值时间交通量)占日交通量或白天 12 小时交通量的比例。

高峰小时流量系数是指设计时间交通量(通常是年第 30 位最高小时交通量)与规划交通量(每年平均的日交通量)的比值,也被称为 K 值。

有时间交通量相对稳定的城市内街道,也有峰值率变动较大的城市周围道路或旅游道路。根据道路特征的不同,交通量的时间变动特征也不同。

6. 方向特性(重方向率)(方向不均匀系数)

一条道路往返两个方向的交通量,在很长的时间内,可能是平衡的,但在某一短时间内,如一天中几个小时内,两个方向的交通量会有很大的不同。为了表示这种不平衡性,常用方向不均匀系数来表示。

方向不均匀系数是指主要行车方向交通量(上行、下行的交通中的交通量大的一方的交通量)与往返两个方向合计交通量之间的比值。一般来说,交通量表示的是双方向合计的交通量。根据各道路的特性不同方向不均匀性有所不同。

5.2.4　设计时间交通量

1. 设计时间交通量的适用性

设计时间交通量是考虑道路交通量有随时间变化的特性而求出的交通量。设计时间交通量是道路设计的基本交通量。

规划交通量是指道路的规划设计年限内所预测的日交通量，通常用年平均日交通量(A. A. D. T.)来表示。同时，由于道路与地域特征的不同，交通量具有随时间变化的特性。因此，从道路设计的角度来看，必须考虑道路有高峰时间的特性。如果道路设计不考虑交通量的高峰时间特性，只根据规划交通量进行是不合适的。因此，要有根据设计时间交通量进行道路设计的概念。但是，预测包括高峰时间特性在内的规划设计年限的交通量具有一定的困难，以及行政决策要保持全国的一致性。因此，考虑高峰时间特性，在道路构造法令中为了确定道路的车道数需要综合考虑确定采用合适的规划交通量作为设计标准交通量。

2. 设计时间交通量

交通量在一年内实时变化，重要的是应该确定将哪个时间的交通量作为设计对象。道路工程为了保证道路在规划期内满足绝大部分小时车流都可以顺利通过，不造成严重的交通堵塞，同时也避免道路建成后车流量低，投资效益低，规定要选择适当的小时交通量作为设计时间交通量。按照一年(8760 小时)的小时交通量从大到小的顺序排列，如图 5-5 所示。该图表示了考虑全国交通量平均值的小时交通量的变动模式。

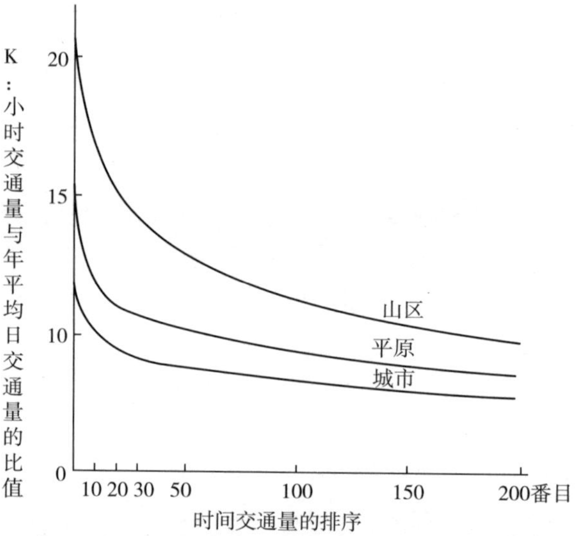

注：根据1974，1975，1976年建设省的日常交通量观测调查结果。

图 5-5　年平均日交通量与小时交通量的关系

首先考虑的是第 1 位最高小时交通量作为设计对象。但是，从图 5-5 可以看到，第 30～50 位最高小时交通量附近出现了曲线的拐点，在此之前任意一条曲线都是急剧变化。在 30～50 位小时交通量的右侧，曲线斜率变化相对平缓，左侧斜率变化较快。假如以第 30 位最高小时交通量为设计对象，则全年有 29 个小时高出设计值，但是可以大大减少设计小时交通量，获得较经济的道路设计方案。例如，在山区，以第 1 小时交通量和第 30 小时交通量为设计时间交通量来对比，相对于前者，后者可以减少(21－14)/21＝33％的设计小时交通量。

另外，由于从第 30 位最高小时交通量开始，曲线右侧的斜率呈明显平稳状态，这说明，第 30 位小时以后的交通量不但不能明显减少设计小时交通量，而且还会明显增加交通混乱的时间。例如，以城市地区年第 150 位最高小时交通量为设计对象的话，与年第 30 位最高小时交通量为设计交通量相比，交通混杂的时间增加了 149－29＝120 小时。但是，设计时间交通量只减少了(9.2－8.2)/9.2×100＝11%。因此，为了减少允许出现的交通混杂时间，并进行更经济的设计，将第 30～50 位最高小时交通量作为设计小时交通量是合理的。

在美国，传统上以第 30 位最高小时交通量作为设计小时交通量，其原因显然是由类似上述关系而得出的结论。而且，在城市一周中日最大小时交通量，以及在地方一周中周末最大小时交通量的年平均值都分别接近于年第 30 位最高小时交通量。因此，在道路规划上将年第 30 位最高小时交通量作为设计小时交通量具有一定意义。由于以上原因，考虑将年第 30 位最高小时交通量作为设计小时交通量。

如图 5－5 表示的是平均交通量的变动特性，变化的规律根据路线性质的不同而有所不同。特别在因季节变动交通量变化明显的道路上，如旅游观光道路上尤其显著，年第 30 位最高小时交通量的数值会非常大。这种情况下，如果将年第 30 位最高小时交通量为设计对象就会失去经济性，此时，可以根据情况将第 80～100 小时的交通量作为设计小时交通量。

为了确定设计小时交通量，如图 5－5 所示，需要得出每条道路的交通量的变化趋势。在实施交通量定期观测的路线上，应该灵活应用这些资料。另外，对于没有实地交通量观测数据的道路，需要参考具有相似特点及交通情况的道路的实测值进行推测。

设计小时交通量可以由下面公式导出：

设计小时交通量＝规划交通量×K/100(双向总计　辆/小时)

或者，设计小时交通量＝规划交通量×K/100×D/100(考虑主要行车方向交通量　辆/小时)

这里，K：设计小时交通量系数，为设计小时交通量(通常是年第 30 位最高小时交通量)占规划交通量(一年中平均每天的交通量)的比率，通常以百分数表示。

D：方向不均匀系数，为主要行车方向交通量与往返合计交通量(以每小时为单位)的比值，通常以百分数表示。

如前所述，K 值根据不同线路的特点以及地区情况而变化。另外，K 值随时间的增长会有少许变化，但此问题还没有被明确验证。K 值通常具有如下的趋势：

(1)一年中平均日交通量越多的道路，K 值越小。

(2)在人口密度低的地方道路以及交通量因季节性而变化较大的道路，K 值变得非常大。另一方面对于城市地区的道路以及主干线道路等交通量变化特性不大的道路，K 值越小。

从时间来观测交通量的话，在高峰时间，往返方向的交通量差异较大。因此，只根据往返合计交通量进行设计，会降低道路主要行车方向的服务水平。另外，主要十字路口的设计，特别是在讨论设立附加车道时，需要考虑往返方向交通量的分布(也就是 D 值)。D 值，需要年第 30 位最高小时交通量的资料，但相关观测资料在日本并不多。在 4 车道的道路，根据年第 30 位最高小时交通量附近的几个观测值的结果，城市区域的 D 值为

55%左右，郊外以及地方的 D 值为 55%～60%左右。

对于车辆种类构成，从道路几何构造上看，大型车有很大影响。特别是大型车的混入率会对道路的交通容量带来很大的影响。因此，在设计道路时，一定要正确把握这一点。在主要讨论道路的交通容量时，可将各类车辆分成以下两类。

(1)乘用车辆：乘用车，小型货车，货客两用车，小型汽车等。

(2)大型货车：大型货车(在日本车牌的分类号码＝1 以及 10～19，从 100～199)、公交车(在日本车牌的分类号码＝2 以及 20～29，200～299)、特殊种类用车(在日本车牌的分类号码＝8 以及 80～89，800～899)、大型特殊机动车(在日本车牌的分类号码＝9 以及 90～99，900～999，0 以及 00～09，000～099)。

另外，动力两轮车可换算成乘用车，归(1)类里。

大型车混入率也随着道路特点以及地域有着显著变化。一般来说，市街地区的混入率低，地方区域混入率高。另外，干线道路的交通特性越强，大型车的混入率就越高。在规划上，大型车的混入率对于年第 30 位最高小时主要行车方向的交通量来说是必不可少的。但是，从以前的实测值来看，交通量高峰时，12 小时或是 24 小时的观测中，对年第 30 位最高小时主要行车方向的交通量的实测资料不多。但是，一般来说，在年第 30 位最高小时交通量中，大型车的混入率小于峰值期间的混入率。另外，在峰值期间的大型车的混入率也小于 12 小时或者 1 天内的混入率。

规划交通量一般可以从车辆种类和道路构成来推算。因此，可以通过规划交通量比较容易地推算出将来大型车的混入率。另外，在二次改建道路时，可以用已保存的道路实测资料求得大型车的混入率。此时，可以使用峰值时在重方向大型车混入率的近似值。

3. 交通量变动的一般特点

(1)各方向分布

一般地，交通量是用双向总计的交通量来表示的，但是随着时间的变化两个方向的交通量并不一定完全相同。不仅只是交通量在各方向分布不均匀，车种构成也存在很大的差异。因此，关于这一点也需要进行讨论。

各方向的分布差别很大的道路主要有：

① 受假期、周末影响的道路；

② 当交通量取小的时间单位时，特别是城市周边道路，这种差别更为强烈。

(2)各车道分布

在多车道道路中，交通量的车道分布是根据交通量、中央及路侧的情况、自行车的混入率、出入口的数目及位置等变化而变化。当交通量较少时，第 1 行车道的交通量比率很大。随着交通量的增大，第 2 行车道、第 3 行车道的比率也会增大，甚至会大于第 1 行车道。

(3)时间变化

即使在同一行车道上交通量及交通构成也会随着时间而发生变化。即在同一行车道中，交通量会随着时间分季节、月、星期而发生变化。甚至在一天中，交通密度也会随着时间的不同而存在差异。

① 长期变化

一般来讲,交通量每年都会变化,车辆种类构成也会发生变化。

② 时间变化

众所周知,即使在一天当中交通量也会随着时间的变化而变化。一般情况下,在城市及城市周边地区,道路存在早晚两次交通量高峰,地方道路则存在下午一次交通量高峰。平时与假期交通量也有明显的不同。

③ 时间内变化

一般的,交通量用 1 小时或 1 天的单位来表示。但是,单位时间越短,交通量会存在的峰值就越大。高速公路、交叉部分等重要道路路段,需要考虑更小时间单位的交通量。这种情况下,多数使用 15 分钟交通量或者 5 分钟交通量。

5.3　设计速度

道路(辅助车道除外)的设计速度,根据道路的分类,为表 5－11 中设计速度栏左栏所示的值。但是,由于地形状况和其他特殊原因,在不得已的情况下,除去高速公路的第 1 类第 4 级道路,可以将其视为同表设计速度栏右栏所示的值。

表 5－11　道路的设计车速

分　类		设计速度(单位　公里/小时)	
第一类	第 1 级	120	100
	第 2 级	100	80
	第 3 级	80	60
	第 4 级	60	50
第二类	第 1 级	80	60
	第 2 级	60	50 或者 40
第三类	第 1 级	80	60
	第 2 级	60	50 或者 40
	第 3 级	60、50 或者 40	30
	第 4 级	50、40 或者 30	20
	第 5 级	40、30 或者 20	
第四类	第 1 级	60	50 或者 40
	第 2 级	60、50 或者 40	30
	第 3 级	50、40 或者 30	20
	第 4 级	40、30 或者 20	

5.3.1 设计速度的定义

设计速度从道路构造与车辆驾驶的角度出发，有以下定义形式：

(1)与影响机动车行驶的道路线形相关联而确定的速度。

(2)在充分发挥道路设计功能的基础上，多数驾驶员在道路上舒适行驶所能保持的速度。

设计速度是讨论和确定道路几何构造的根本因素之一。与曲线半径、超高、视距等线形要素有直接关系。虽然车道、路肩等道路宽度元素与设计速度没有直接关系，但是这些元素也受到行走速度的影响。

因此，在进行路线线形设计时，设计速度对线形元素起着决定性作用。在道路构造法令中，作为道路设计基础的机动车速度"被定义为设计速度。考虑决定车道和路肩宽度的直接因素——道路等级，引入设计速度的概念，从而保证与道路宽度的间接关系。

5.3.2 设计速度与行驶速度的关系

设计速度是指在天气良好、交通密度低的情况下，当车辆的行驶只受道路构造限制时，一般机动车驾驶员安全舒适行驶的速度。因此，当设计速度为 80km/h 的道路，如果交通密度较低，一般驾驶员至少可以以 80km/h 的速度安全舒适的行驶。但是，道路几何构造要提供机动车安全行驶的富裕量。如果道路线形条件好，超过 80km/h 的速度行驶也是安全的。

在一般道路中，驾驶员除了考虑道路线形的几何构造外，还要根据交叉口的情况、停车车辆、沿线道路的出入情况、行人等的存在和机动车混行等的交通情况、最大行驶速度的限制等交通管制情况等选择适当的速度行驶。

这样实际的行驶速度，受到道路交通等多因素的影响，不可能统一规定其速度。在道路设计时，为了确定道路几何构造取统一的设计速度。

根据道路交通法公安委员会以《为了防止在道路中发生危险或妨碍其他道路交通，保证其他交通安全和顺畅》(道路交通法第 4 条第 1 款项)为目的进行交通管制。但是，这是考虑驾驶员的特征、交通事故的发生情况以及道路及沿线交通状况而运用的手段。因此，有道路的运行速度与设定道路区间内固有的设计速度不一致的情况。

5.3.3 设计速度的取值

考虑日本的地形条件和土地利用等，机动车专用道路的设计速度采用 60～120km/h。机动车专用道路等重视机动车高速行驶的道路，要保证线形的连续性。受到地形制约的山区，沿线状况制约的城市或城市郊区，如果过于重视道路的高速性，将不得不进行大规模的构造物建设或用地补偿。增加道路建设的费用而使得道路建设变得困难时，也可以采用设计速度的特例值。

关于一般道路的设计速度，在进行出入限制等交通控制的前提下，最大取 80km/h。对于 60km/h 以下的设计速度，行驶速度受线形等道路几何构造影响较大，规定取一定范围的设计速度。综合考虑道路功能及设计路段，选择适当的设计速度是很重要的。在道路构造法令中，设计速度为 30km/h 以上的道路由于受地形状况等特殊原因不得已时可以降到 20km/h 或 10km/h。这是因为地形复杂及土地利用等原因，想要在道路全线上保持所定的设计速度，在城市或山区不长的道路路段将会花费大量的建设费用，变得不可能实现，或者不能为了这个地段降低道路全线的设计速度时，按照地形状况等特殊原因不得已时的路段（表 5-12 不得已时最小路段长），可以降低该段的设计速度。

5.4　设计区间

5.4.1　设定设计区间的基本原则

设计区间是指根据道路所在地区的地形状况以及规划交通量，适用统一的道路等级划分，应该使用统一的设计标准。设计区间过短，或者在机动车驾驶员没有准备的路段更改设计区间，会让驾驶员混乱，容易引起交通事故，并有损道路的舒适性。这种情况下，必须考虑交通的实际状况，再次进行道路的等级划分。

路线几何构造应尽量连续，在设定道路区间时，需要慎重考虑设计区间的长度和变化点。道路的设计区间宜将道路路线的特征、重要性、交通量、地形和地区大致相同的路段设置成统一的设计区间。同一设计指标的设计区间过短，不但会使驾驶员感到混乱，而且对交通安全也不利，同时也会影响道路的舒适性。因此，同一个设计指标的设计区间应尽可能设计的长些。

5.4.2　设计区间变更时的注意事项

1. 设计区间的长度

一段道路区间的长度取多少并没有一个明确的依据。从经验上讲，最小的设计区间长度可以按照表 5-12 进行设置。

表 5-12　设计区间的大致长度

道路划分	标准的最小区间长度	不得已时最小区间长度
第 1 类、第 2 类第 1 级、第 3 类第 2 级	30～20km	5km
第 2 类、第 3 类第 2 级、第 3 类第 4 级	15～10km	2km
第 4 类	主要交叉口	

表 5 - 12 中右侧一栏中，不得已时最小区间长度是指降低道路区间的种类和级别，降低设计速度时的最小区间长度。当地形等状况不得已时，降低道路的种类和级别或设计速度的区间数量在同一个设计区间内要控制在 1～2 个路段左右。但是，这种设计区间对交通的安全性和舒适性都有很大影响，而且如果这样的路段数量多时，应该根据道路构造法令重新修订道路的等级。

第 4 类道路可以在主要的交叉口部分进行设计区间的变更。

2. 设计标准不同的道路区间的连接

设计标准不同的设计区间进行连接，相邻路段的设计速度差控制在 10km/h 或 20km/h，同时也必须考虑横断面组成方面的平滑过渡。例如，第 1 类 2 级道路(100km/h)和第 2 类 2 级道路(60km/h)进行连接时，如图 5 - 6 所示为第 1 类 2 级道路一第 2 类 1 级道路一第 2 类 2 级道路相连接的方式，同时横断面组成也要平滑过渡。但是，如果在本区间段上有收费站时，设计速度相差 40km/h 也没什么关系。

第 3 类和第 4 类道路连接时，宜在相同的设计速度级别上进行连接。

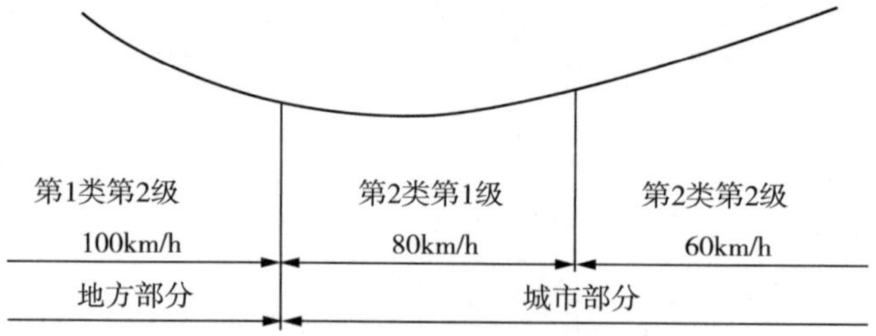

图 5 - 6　不同类别道路之间设计区间的连接

3. 不同等级之间设计区间的连接

设计速度差超过 20km/h 的设计区间在道路路线方向上进行连接应尽量避免路线线形的变化。例如，最好避免第 3 类第 1 级道路和第 3 类第 3 级道路直接连接。设计速度差别很大的道路进行连接时，要充分注意其接连部分，需进行 1 级一2 级一3 级或 2 级一3 级一4 级的连接。

如图 5 - 7 所示表示的是地形状况为平原一山区一平原变化比较剧烈的路段设计区间的连接。

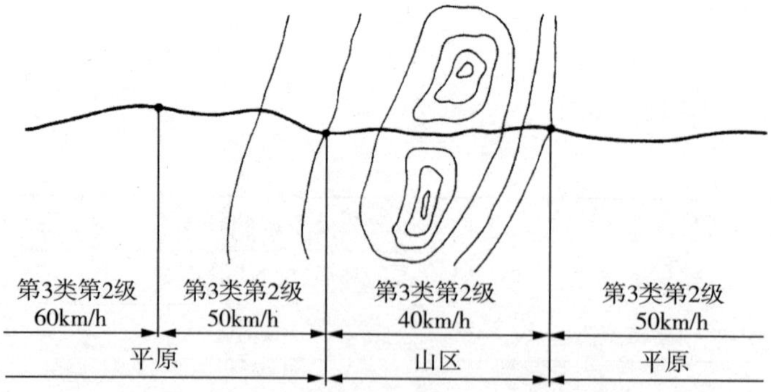

图 5 - 7　不同等级之间设计区间的连接

穿过山区的道路路线，由于地形状况建设费用增加，但需要尽快建设时，在其地形变化剧烈及其以外的区间，应根据地区的实际状况采用不同的道路构造。例如，穿过山区的第 3 类第 4 级道路的都道府县道路，本来车道数为 2 车道。但是，在部分路段可以采用第 3 类第 5 级道路即为 1 个车道的道路，减少建设费用以能够早些完成道路的建设（如图 5－8 所示）。

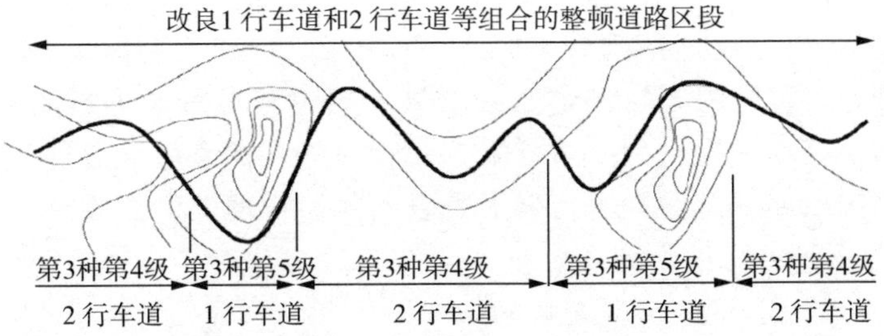

图 5－8　级别不同设计区间的连接

4. 设计区间的变化点

设计区间的变化点原则上应设计在能让驾驶员无意识感觉道路发生变化的地方。如地形、地区、主要的交叉口以及道路立体交叉等交通量变化的地方或有大桥等构造物的地方。因此，在地形、地区、风景类似的区间和交通量基本一致的区间应尽量按照相同的设计标准设计成同一个设计区间。

5.5　出入限制

第 1 类、第 2 类普通道路的出入交通要进行完全限制。但是第 1 类第 2 级、第 3 级、第 4 级道路（高速国道除外）应根据路线特征和机动车交通状况，可以设置部分限制出入。第 3 类、第 4 类普通道路，要根据路线特征和机动车的交通状况，必要时设置部分限制出入。小型道路要完全限制出入，但是相互都是 4 车道以上的小型道路除外，其他相互交叉的小型道路可以采用平面交叉。

5.5.1　出入限制的定义与种类

机动车在长距离行驶时，从安全、顺畅、舒适的角度出发，希望能够保持一定的速度行驶。当道路有大量的交通时，希望尽量减少在交叉口处机动车的停留，减少由于机动车右转弯或横穿道路发生的交通堵塞。因此，在国有高速公路和机动车专用道路以及中长距离交通量多的道路或者是交通量非常大的道路中，要求保证机动车行驶的连续性。为了适应这个要求，采用的方法有：与其他道路立体交叉限制沿线的出入，在多车道的道路中限制中央带开口部分。

如上所述，限制出入是为了提高和重视行驶连续性道路通行能力的一个方法。

在出入限制中有完全出入限制和部分出入限制。完全出入限制是为了让通过交通优先，只容许向指定的公共道路进出，意思是禁止平面交叉或直接连接其他道路。部分出入限制是指除了容许向指定的公共道路进出外，可以容许几个平面交叉或连接其他道路。如图 5 - 9 到图 5 - 14 所示。

1. 完全出入限制

如图 5 - 9 和图 5 - 10 所示强调机动车的通行功能，完全限制出入的道路，与所有道路采用立体交叉，进出主线进行限制。图 5 - 9 和图 5 - 10 在功能上有微小的变化。图 5 -10 设置了辅助道路，试图用辅助道路提供被分隔道路沿线的通行服务和管理进入辅道的交通。辅助道路除了提供沿线通行服务和管理进入辅道的交通外，其主要目的是引导沿线地区车辆按指定的道路进出。除了紧急和养护管理上的需要外，这两种情况都不设置中央带开口。

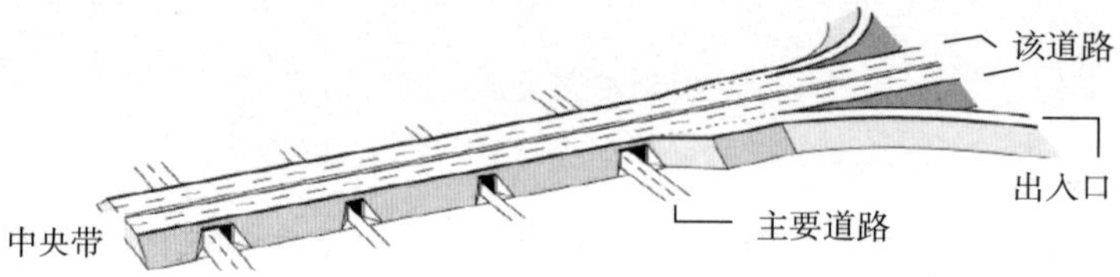

图 5 - 9　完全出入限制

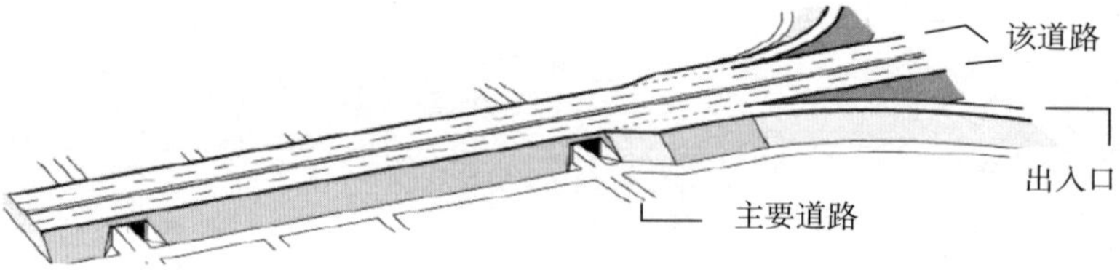

图 5 - 10　完全出入限制(设置辅助道路)

2. 部分出入限制

如图 5 - 11 和图 5 - 12 所示是重视机动车的通行功能，部分限制出入的道路。图 5 - 11 是在图 5 - 10 的基础上连接可以进出管理的生活道路，部分限制出入，不设置连接小路的中间带开口部分。如图 5 - 12 是在图 5 - 10 的基础上容许部分平面交叉的部分限制出入道路。对于图 5 - 11 和图 5 - 12，可以认为在交叉口处一个没有设置中央带开口，一个设置了中央带开口。

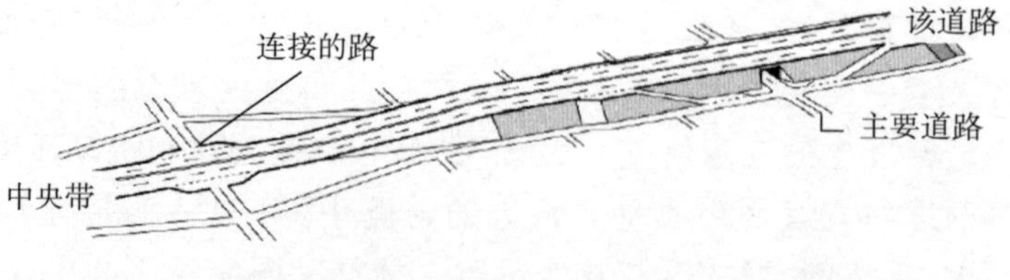

图 5 - 11　部分出入限制(在中间带不设置开口部的情况)

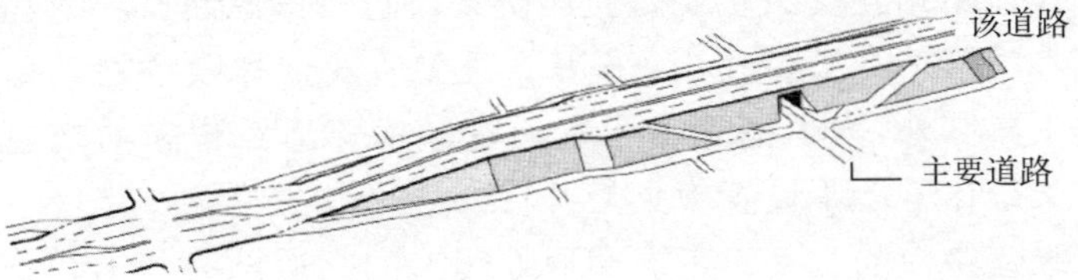

图 5－12　部分出入限制(在中间带设置开口部的情况)

3. 出入自由

如图 5－13 和图 5－14 所示是不但有机动车的通行功能还要兼有机动车进出和停留功能以及行人交通功能的道路,容许原有道路和其他道路进行平面交叉。如图 5－13 所示,主要的交叉口可以采用菱形立体交叉形式。

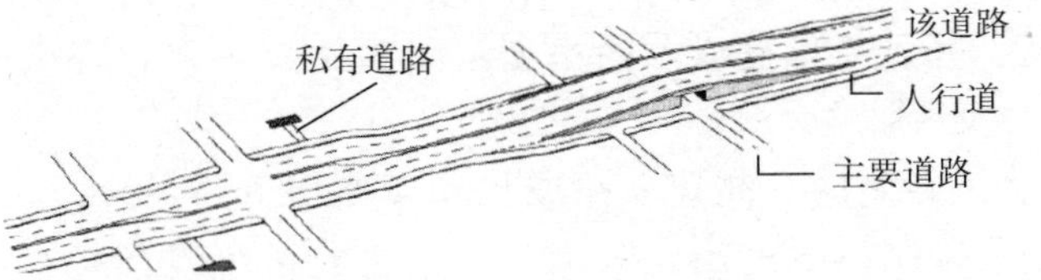

图 5－13　出入自由(与主要的道路进行立体交叉)

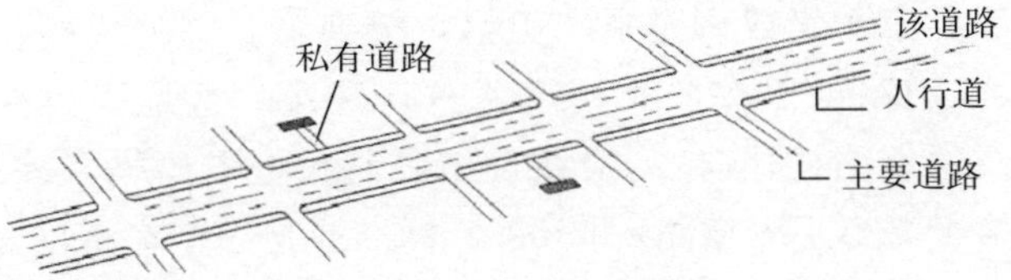

图 5－14　出入自由(与所有的道路进行平面交叉)

5.5.2　普通道路的出入限制

出入限制采用与否应该根据道路路线的特征和重要性进行判断。

第 1 类道路中,对于国有高速公路,根据国有高速公路法第 10 条必须与其他道路进行立体交叉的规定,采用完全出入限制。并且根据道路法相关规定,对于除国有高速公路以外的其他机动车专用道路,原则上采用完全出入限制的立体交叉。但是在交叉道路的交通量较少,地形上不得已时可以采用部分出入限制。这时,从连接道路的角度看出入口原则上不设置中央带的开口部分。

第 2 类道路,由于在城市中最大的目的是顺利的处理大量的机动车交通,所以与所有道路采用立体交叉,原则上进出只采用立体交叉。

第 3 类通过市区的道路和第 4 类道路中主要的目的是为沿线提供服务,需要设置进出限制时,在考虑进出沿线建筑的方便性、自行车及行人的方便性的基础上可以设置进出限制。特别是第 3 类第 4 类重视通行能力的高标准地方道路,为了重视交通的安全和顺畅,可以设置辅助道路、进出管理、设置中央带等进出限制。

第3类第1级道路相互交叉主要是立体交叉，但是可以根据需要设置平面交叉。在中长距离交通量多的第1、2级道路中，采用重视交通安全和顺畅的道路构造，除了根据需要设置沿线进出限制外，为了消除由于右转弯和横穿道路带来的交通堵塞，在干线道路以外的道路交叉口尽可能不设置中央带开口部分。

第4类第1级道路中的交叉口考虑交通处理上的交通网络与沿线条件的基础上，可以考虑采用立体交叉。为了消除由于右转弯和横穿道路带来的交通堵塞，考虑沿线道路利用状况的基础上，在干线道路以外的道路交叉口尽可能不设置中央带开口部分。

5.5.3 小型道路的出入限制

根据道路构造法令的相关规定，小型道路通行车辆限定为小型机动车，沿线采用进出限制的道路构造。并且4车道以上的小型道路相互交叉或者普通道路与小型道路交叉时，必须采用立体交叉。

第1类、第2类道路是国有高速公路或机动车专用道路，根据道路法和国有高速公路法的相关规定需要限制沿线进出。对于国有高速公路在国有高速公路法中规定与其他道路交叉时必须采用立体交叉，完全限制进出。根据道路法，对于除国有高速公路以外的其他机动车专用道路原则上采用完全进出限制的立体交叉。

从第3类第1级到第4级或者是第4类第1级到第3级的道路，没必要保持机动车进出沿线道路的功能，道路可以按照小型道路进行建设。这是因为在小型道路中，采用机动车能够进出沿线的道路构造时，从沿线设施限制大型卡车进入该道路比较困难。关于第3类第5级和第4类第4级道路，由于是低标准或是一个车道的道路，不采用限制进出道路沿线的构造，因此，不作为小型道路。

在与其他道路的关系中，小型道路和普通道路交叉或4车道以上小型道路相互交叉，所有的交叉必须是立体交叉，进行完全限制进出。除此之外的小型道路相互交叉，例如2车道的小型道路相互交叉或2车道与4车道以上的道路交叉时，没有混入大型车辆时可以采用平面交叉。

5.6 设计车辆

在设计第1类、第2类、第3类第1级及第4类第1级道路时，要考虑到小型机动车和中型货车（指牵引机车与不带前车轴的被牵引车的结合体，被牵引车的一部分载在牵引机车上，被牵引车及其所装货物的重量的相当一部分由牵引机车来承担。以下同）能够安全顺利地通行；在设计其他普通道路时，要考虑到小型机动车和普通机动车能够安全顺利地通行；在设计小型道路时，要考虑到小型机动车能够安全顺利地通行。设计车辆是道路设计的基础，各种机动车（以下简称“设计车辆”）的详细尺寸见表5-13。

表 5－13　设计车辆的详细尺寸

设计车辆 \ 各尺寸(单位:米)	长度	宽度	高度	前轴距	轴距	后轴距	最小旋转半径
小型机动车	4.7	1.7	2	0.8	2.7	1.2	6
小型机动车等	6	2	2.8	1	3.7	1.3	7
普通机动车	12	2.5	3.8	1.5	6.5	4	12
中型货车	16.5	2.5	3.8	1.3	前轴距　4 后轴距　9	2.2	12

注：在此表中，下列各项中出现的专业术语，其概念分别以各项所定为准。

① 前轴距是指从车身前部到前轮车轴中心的距离。

② 轴距是指从前轮车轴中心到后轮车轴中心的距离。

③ 后轴距是指从后轮车轴中心到车身后部的距离。

5.6.1　普通道路上的车辆

1. 概述

在道路上行驶的交通对象主要有机动车、摩托车、自行车和行人等。其中作为道路构造设计对象的是机动车、自行车和行人。机动车是指根据道路法相关规定由道路运输车辆法规定的车辆，在道路构造法令中也以该规定为准。

在道路运输车辆法中车辆的分类如下：

车辆
- 机动车
- 摩托车(排气量在 125cc 以下，额定功率在 1.0kW 以下(两轮的情况))
- 轻型车辆

摩托车在法律上与机动车有明确的区别，在国有高速公路或机动车专用道路(以下称为高速道路等)上不能行驶。机动车和摩托车根据道路运输车辆法可以分成表 5－14 所示的种类。

根据道路交通法规定车辆的分类如下：

车辆
- 机动车(大型机动车、普通机动车、大型特殊机动车、小型特殊机动车)、大型摩托车、普通摩托车
- 摩托车(排气量在 50cc 以下，额定功率在 0.6kW 以下(两轮的情况))
- 轻型车辆(自行车、装货小车以及除了残疾人用的轮椅和婴儿用的婴儿车外的其他车辆)
- 公交车

表 5-14　根据道路交通法规定机动车与摩托车的分类

<table>
<tr><th rowspan="2">机动车的种类</th><th rowspan="2">机动车的构造与发动机</th><th colspan="3">机动车的大小</th></tr>
<tr><th>长(m)</th><th>宽(m)</th><th>高(m)</th></tr>
<tr><td>普通机动车</td><td>小型机动车、轻型机动车、大型特殊机动车、小型特殊机动车以外的机动车</td><td></td><td></td><td></td></tr>
<tr><td rowspan="2">小型机动车</td><td>4 轮以上的机动车、被牵引机动车中右栏机动车尺寸以下的轻型机动车、大型特殊机动车和小型特殊机动车以外的机动车[内燃原动力发动机机动车(轻油作为机动车燃料或只燃烧天然气的机动车除外)并且总排气量小于 2.00]</td><td>小于 4.7</td><td>小于 1.7</td><td>小于 2.0</td></tr>
<tr><td>两轮机动车(包含侧面附加车辆的摩托车)、三轮机动车中的轻型机动车和除特殊大型机动车和特殊小型机动车之外的机动车</td><td></td><td></td><td></td></tr>
<tr><td rowspan="2">轻型机动车</td><td>除两轮机动车(包含侧面附加车辆的摩托车)之外的机动车、被牵引机动车中右栏机动车尺寸以下除特殊大型机动车和特殊小型机动车以外的机动车(内燃原动力发动机机动车除外并且总排气量小于 0.66)</td><td>3.4</td><td>1.48</td><td>2.0</td></tr>
<tr><td>两轮机动车(包含侧面附加车辆的摩托车)中机动车的尺寸小于右栏尺寸除特殊大型机动车和特殊小型机动车以外的机动车(内燃原动力发动机机动车除外并且总排气量小于 0.25)</td><td>2.5</td><td>1.3</td><td>2.0</td></tr>
<tr><td>大型特殊机动车</td><td>(1)下面所示除小型特殊机动车以外的机动车
① 轮胎式装卸机、轮胎式压路机、碾压机、平地机、道路加固土拌和机、铲运机、旋转式除雪机动车、沥青摊铺机、轮胎式推土机、机动扫路机动车、夯实机、轮式锤、轮式起重机、铲车、叉式装卸机、跨式万能自动装卸机、塔式结构搬运机动车、能够弯曲机动车底盘结构的机动车、国土交通大臣指定的履带式机动车以及国土交通大臣指定的特殊构造机动车。
② 农耕用拖拉机、农业用打药车、收割用农机、种植用农机以及国土交通大臣指定的农业机动车。
(2)连接式挂车以及国土交通大臣指定的特殊构造的机动车</td><td></td><td></td><td></td></tr>
<tr><td rowspan="2">小型特殊机动车</td><td>前项 1 中 1)所示的机动车的尺寸小于右栏尺寸，并且最高速度小于 15km/h 的机动车</td><td>小于 4.7</td><td>小于 1.7</td><td>小于 2.8</td></tr>
<tr><td>前项 1 中 2)所示，并且最高速度小于 35km/h 的机动车</td><td></td><td></td><td></td></tr>
</table>

（续表）

机动车的种类	机动车的构造与发动机	机动车的大小		
		长(m)	宽(m)	高(m)
小型摩托车	第 1 类总排气量小于 0.05 且额定功率小于 0.6kW 的摩托车			
	第 2 类总排气量小于 0.125 且额定功率小于 1.0kW 第 1 类摩托车以外的摩托车			

注：关于机动车尺寸大小栏中没有数值的空栏采用道路运输车辆的规定。

2. 设计车辆的种类

车辆的尺寸大小对道路的宽度、曲线部分的加宽、交叉口的设计、纵坡、视距等道路的设计影响较大。因此，设计车辆取小型机动车、普通机动车和单轴挂车 3 类机动车的尺寸进行确定（图 5－15）。

小型机动车是道路宽度、视距等标准的设计依据。普通机动车和单轴挂车是道路宽度的构成、曲线部分的加宽、交叉口的设计、纵坡的设计依据。设计车辆的各指标是通过假定乘用型小型机动车、2 个后轴货车的普通机动车、4 个轴重的单轴挂车来确定的，是今后新建或改建道路设计的基础。因此，见表 5－15 设计车辆的各指标根据车辆限制法、道路运输车辆保安标准和道路交通法关于车辆元素标准的最大尺寸的车辆能够安全顺畅通过而确定的。

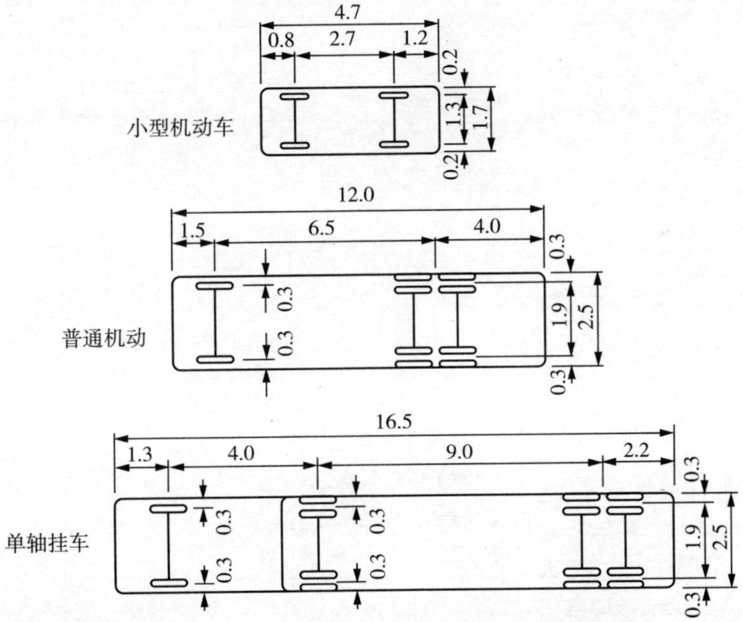

图 5－15　普通道路设计车辆的各个元素（长度单位：m）

3. 长度

车辆的长度，根据道路运输车辆法安保标准规定小于 12m。在普通机动车中包含了公交车、货车等。同时车辆的长度也考虑了车辆前端前轴到保险杠、轴距以及后轴到后面保险杠，按照 2 个后轴的普通货车确定的。

小型机动车的长度根据道路运输车辆法采用最大长度为4.7m。

在挂车中有单轴挂车、全拖挂车以及两个相连的挂车。长度一般是全拖挂车以及两个相连的挂车的长。表5-16表示各个国家车辆的相关限制。根据此表，挂车的长度单轴挂车时取16.5米，全拖挂车时取18米的较多。但是，一般转弯时单轴挂车所占的宽度较大，为此通常不考虑全拖挂车。单轴挂车的长度采用考虑运输40ft标准集装箱所需要的长度16.5m。

表5-15　关于车辆各指标的标准

<table>
<tr><th rowspan="2"></th><th colspan="2">车辆限制法的一般标准</th><th rowspan="2">道路运输车辆保安标准</th><th rowspan="2">道路交通法的标准</th></tr>
<tr><th>国有高速道路除外</th><th>国有高速道路</th></tr>
<tr><td>依据的法律</td><td colspan="2">道路法</td><td>道路运输车辆法</td><td>道路交通法</td></tr>
<tr><td>所属政府部分</td><td colspan="3">国土交通省</td><td>警察厅</td></tr>
<tr><td>宽</td><td>车辆的宽度小于2.5(m)(包括载重情况)</td><td>同左</td><td>机动车的宽度小于2.5(m)(不包括载重情况)</td><td>载重时左右不能超出机动车</td></tr>
<tr><td>高</td><td>车辆的高度小于3.8(m)(包括载重情况)</td><td>同左</td><td>车辆的高度小于3.8(m)(不包括载重情况)</td><td>载重货物的高度加上车高小于3.8(m)</td></tr>
<tr><td>长</td><td>车辆的长度小于12(m)(包括载重情况)</td><td>同左，当时对于单轴挂车小于16.5m，全拖挂车小于18m</td><td>车辆的长度小于12(m)(不包括载重情况)</td><td>载重货物前后超出车辆长度的1/10并且牵引车辆与被牵引车辆之和小于25(m)</td></tr>
<tr><td rowspan="4">重量</td><td colspan="2">总重量(载重货物＋乘务人员重量＋车辆自重)</td><td rowspan="2">总重量(最大载重货物＋乘务人员人数×55kg＋车辆自重)单轴挂车小于28t，其他机动车小于25t</td><td rowspan="2">载重货物的重量先于最大载重量</td></tr>
<tr><td>道路管理者指定的道路小于25t
其他道路小于20t
但是大蓬货车、运输罐、集装箱、运输机动车的挂车根据国土交通省的规定小于27t</td><td>小于25t，但是运输罐、集装箱、运输机动车的挂车根据国土交通省的规定小于36t</td></tr>
<tr><td>轴重10t以下</td><td>同左</td><td>同左</td><td>没有规定</td></tr>
<tr><td>轴重5t以下</td><td>同左</td><td>同左</td><td>没有规定</td></tr>
<tr><td>最小转弯半径</td><td>12m</td><td>同左</td><td>同左</td><td>没有规定</td></tr>
</table>

表 5 - 16　各国车辆的尺寸、重量的限制比较

	长度(m)			宽度(m)	高(m)	轴重(t)	总重量(t)					注释
	单车	单轴挂车	全挂车				单车 2 轴	单车 3 轴	单轴挂车 4 轴	单轴挂车 5 轴	全挂车(最大)	
日本	12.0	16.5(1)	18.0(1)	2.5	3.8	10.0(2)	25.0(3) 20.0		36.0(4) 27.0(5)			(1)只是国有高速道路；(2)有邻接荷载的限制；(3)道路管理者指定的在道路上通行的车辆最大值；(4)在国有高速道路上通行带篷货车的最大值；(5)一般道路上通行带篷货车的最大值
EC 法	12.0	16.5	18.35	2.5	4.0	10.0(1)	18.0	25.0	36(2)	40(3)	40	(1)驱动轴：11.5t；(2)挂车轴距超过 1.8m：38t；(3) ISO40tf 标准集装箱用：44t
法国	12.0	15.5	18.0	2.5	—	13.0	19.0	26.0	38.0	40.0	40.0	
意大利	12.0	15.5	18.0	2.5	4.0	12.0	18.0	24.0	40.0	44.0	18.0	
荷兰	12.0	15.5	18.0	2.5	4.0	10.0	根据轴重合计确定				50.0	
英国	12.0	15.5	18.0	2.5	—	9.15	16.3	24.4	32.5	38.0	—	
西德	12.0	15.5	18.0	2.5	4.0	10.0	17.0	24.0	35.0	40.0	40.0	
瑞士	12.0(1)	16.0	18.0	2.5	4.0	10.0	16.0	25.0	28.0	28.0	28.0	(1)：2 轴 10m
美国	10.7	16.7	16.7	2.44	4.11	8.2	根据轴数和轴距确定				32.2	各个州之间有差别，上段：最小值
	18.3	25.9	25.9	2.74	4.42	10.9					49.4	下段：最大值

EC 法：指的是阁僚理事会在 1984 年 12 月 19 日通过的《道路运输车辆重量、尺寸以及其他的技术特征》。因为在法令中达成的协议，加盟国有义务在国内制定相应的法律。

注：由《1990 年运输政策评审会》提供。

4. 宽度

车辆的宽度在各国几乎都取 2.5m，在道路构造上因为比这个值大的最大宽度对车道的宽度、停车带的宽度等影响较大，而不能被采纳。实际上大型车辆的宽度大部分在规定的限制范围内，所以设计车辆的普通机动车与单轴挂车的宽度取 2.5m。

5. 高度

车辆的高度，在道路几何构造上有很重要的意义。即普通机动车与单轴挂车的高度是确定建筑界限的因素，小型机动车的高度与驾驶员的视线高度、视距有关系。

(1)普通机动车与单轴挂车

在日本，采用大型集装箱进行运输是比较普遍的现象。为了海上集装箱能顺畅地在道路上运输，对车辆有高度变高的要求，但是车辆的高度影响道路的建筑界限，在日本已建的隧道以及与铁道等立体交叉较多的情况下，多数受到实际的制约。

因此，在车辆限制法、道路运输车辆保安标准和道路交通法中，通常根据加挂国际标准 8ft×8ft(宽 2.438m×高 2.438m)海上集装箱的挂车高度为基准确定车辆的高度为 3.8m。关于高度高的 8ft×9.6ft(宽 2.438m×高 2.896m)海上集装箱，在 1984 年 4 月开始，作为限制以外及特殊车辆通行许可的对象，可以在指定的道路用低底盘的挂车运输(总高度为 4.1m)。

各国关于高度的限制，欧洲 30 个国家中有 25 个国家取 4m，美国最大的高度限制取 4.42m。

另一方面，根据道路构造法令的道路建筑界限，在车道上保证 4.5m 的高度空间，但是因为路肩处的高度空间是 3.8m，车辆在车道上可以安全行驶，但是在路肩行驶时是非常危险的。这样，也要考虑已建的道路，普通机动车与单轴挂车的高度取 3.8m。

在日本，使用的集装箱的形状和搭载集装箱挂车的标准车辆指标见表 5-17。

表 5-17 集装箱的形状和搭载集装箱挂车的标准车辆要素

形状 / 集装箱的种类	国际海上集装箱的形状			搭载集装箱挂车的高度(m)	备注
	长度(m)	宽度(m)	高度(m)		
ISO 1C 型 20′×8′×8′	6.058	2.438	2.438	3.748	普通底盘车斗
ISO 1CC 型 20′×8′×8.6′	6.058	2.438	2.591	3.796	低底盘车斗
ISO 1A 型 40′×8′×8′	12.192	2.438	2.438	3.643	低底盘车斗
ISO 1AA 型 40′×8′×8.6′	12.192	2.438	2.591	3.796	低底盘车斗
ISO 1AAA 型 40′×8′×9.6′	12.192	2.438	2.896	4.101	低底盘车斗

注：国际海上用集装箱底盘车斗距地高度，由于制造商不同有些差异，这里低底盘车斗高 1.205m，普通底盘车斗高 1.310m。

(2)小型机动车

在道路几何构造上关注的不是小型机动车本身的高度，而是机动车驾驶员的视线高度。确定视距时，驾驶员的视线高度受到纵断曲线半径、曲线部分的挖土斜面等的影响，假定对于较低的乘用车，偏安全视线高度取 1.2m。

6. 最小转弯半径

小型机动车的最小转弯半径实际上取能够保护车辆通过的最大值 6m，普通机动车和单轴挂车根据法令取统一的规定值。

7. 功率重量比

机动车的功率重量比（$W/N(PS/t)$）是确定纵坡坡度、限制坡长和爬坡车道的主要因素，并且对道路建设的费用影响较大。

机动车的行驶性能根据《道路运输车辆保安标准细则的公告》（2002 年 7 月 15 日国土交通省第 619 号公告）规定见表 5-18。

表 5-18　机动车的行驶性能

适用车辆		行驶性能
普通机动车	起重车等特殊作业的机动车（最高牵引力 118kW(160ps)以上的配有原动力的机动车）	GVW≤217×kW(160×ps)－2400
	上述以外的机动车	GVW≤135×kW(100×ps)－1500
小型机动车		GVW≤122×kW(90×ps)－600
挂车		Gcw≤164.51×kW(121×ps)－1900 Gcw≤4×wd

注：GVW：机动车的总重量(kg)；

Gcw：挂车的总重量(kg)；

kW(ps)：原动力发动机的最高功率 kW(ps)；

wd：牵引机动车驱动轮轴重(kg)。

乘用车的功率重量比大部分都在 3.8W/N(50ps)以上，道路的几何构造不会对车辆行驶带来很大的问题。但是对于挂车与普通机动车因为功率重量比小，在上坡时，速度降低较快，通行能力变少，严重影响交通安全。但是按照功率重量比较小的机动车进行道路设计，像日本这样地形条件急剧变化的情况下会过大的增加道路建设的费用。

除起重机机动车外，按照普通机动车的功率重量比都是大于 0.76W/N(10ps)以上进行道路设计。关于起重机机动车可以考虑其功率重量比小于 0.76W/N(10ps)。但是考虑将来起重机机动车所占有的交通量比例较小，如果采用这个值进行道路设计可以说是非常不经济的。为此，普通机动车的功率重量比定为 0.76W/N(10ps)。

挂车的功率重量比现阶段定为 0.76W/N(10ps)。在纵断坡度考虑功率损失，规定采用 0.53W/N(7ps)。

8. 车辆的总重量、轴重和轮重

车辆的总重量、轴重和轮重不单对道路的路面、铺装、桥梁、高架桥等的影响大，如果施加在道路上的荷载大于设计荷载时也有损其安全性。

因此，根据车辆限制和道路运输车辆保安标准，轮重取 5t，轴重取 10t。对于车辆的总重量，在国有高速公路或道路管理者认为道路构造安全以及不妨碍交通安全的指定道路上规定单车车辆总重量为 25t。

通过考察各国关于轴重的限值，多数国家取单轴 10t，在日本单轴也取 10t。车辆的总重量，观察国外的标准，3 个轴的车辆限值在欧美等国大致取 24～26t，在 EC 法令中取 25t。在日本，随着国际化进程的推进、国际货物运输量的增加，国际标准集装箱由 20ft 向 40ft 大型化发展，为了适应国际的标准化整合，需要大型化车辆提高物流效率，因此，在车辆限制法中把车辆的总重量的最大限值提高到 25t。

5.6.2 小型道路上的车辆

1. 概论

小型道路的设计车辆根据道路构造法令规定是小型机动车等。

在道路运输车辆法第 3 条规定的小型机动车指轻型机动车和普通机动车中定员在 10 人以下的机动车（一般称为 3 号乘用车，以下称为乘用车）。

设计车辆的各指标中长度 6 米、宽 2 米、高 2.8 米是参考一般紧急救护车的尺寸，以及参考道路运输车辆法第 3 条规定小型机动车和轻型机动车的大小（长、宽、高）以及日本售卖乘用车的大小而确定的（如图 5－16 所示）。这里对于乘用车是以日本售卖的车辆为对象，指在道路运输车辆法中规定乘用车的最大尺寸长度 12 米、宽 2.5 米、高 3.8 米以下的车辆。但是实际上，在日本售卖的乘用车尺寸类似为小型机动车车辆的尺寸。同时，小型货车（提供货物运输用的小型机动车）如果降低载荷也可以在小型道路通行。

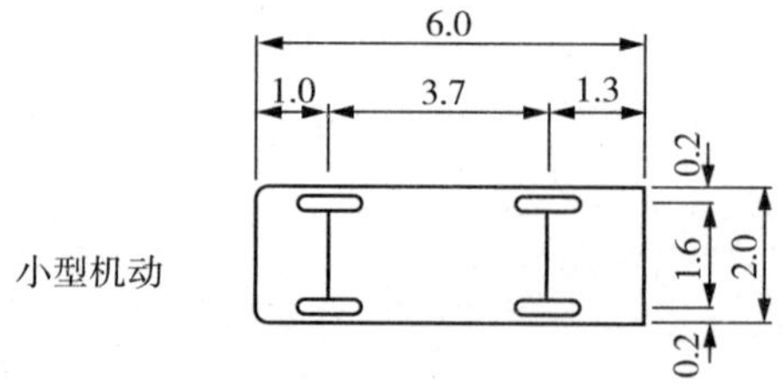

图 5－16 小型道路设计车辆的各个尺寸（长度单位：m）

设计车辆前轴到前保险杠的距离为 1.0 米、后轴到后保险杠距离为 1.3 米、轴距为 3.7 米、最小转弯半径为 7.0 米是参考一般紧急救护车及日本售卖的乘用车（国产车和国外产的车）的尺寸确定的（表 5－19）。

表 5－19 小型道路设计车辆各要素

要素（单位：m）	长度	宽度	高度	前轴到前保险杠的距离	后轴到后保险杠的距离	轴距	最小转弯半径
小型机动车等	6.0	2.0	2.8	1.0	1.3	3.7	7.0

2. 设计车辆的长度、前轴到前保险杠的距离、轴距和后轴到后保险杠的距离

小型道路的设计车辆的长度参考一般紧急救护车辆和在日本售卖的乘用车，长度超过道路运输车辆法规定的小型机动车（4.7 米以下）和轻型机动车（3.4 米以下）的长度，规定为 6.0 米。

对于前轴到前保险杠的距离与轴距，参考了一般紧急救护车辆与在日本售卖的乘用

车的尺寸，规定其长度分别为 1.0 米和 3.7 米。

对于后轴到后保险杠的距离是根据车辆长度减去前轴到前保险杠的距离和轴距确定的，为 1.3 米。

3. 设计车辆的宽度

小型道路设计车辆宽度的确定参考了一般紧急救护车辆和在日本售卖的乘用车宽度尺寸，超过道路运输车辆法规定的小型机动车（宽度 1.7 米以下）和轻型机动车（宽度 31.48 米以下）的宽度，规定设计车辆的宽度为 2.0 米。

4. 设计车辆的高度

小型道路设计车辆高度的确定参考了一般紧急救护车辆和在日本售卖的乘用车宽度尺寸，超过道路运输车辆法规定的小型机动车（高度 2.00 米以下）和轻型机动车（高度 2.00 米以下）的高度，规定设计车辆的高度为 2.8 米。

通过在首都高速道路对小型货物机动车的通行状况的调查中，发现小型货车的高度超过 2.8 米的机动车不足 1%（图 5－17），并且在日本售售卖的乘用车高度几乎都小于 2.0 米。

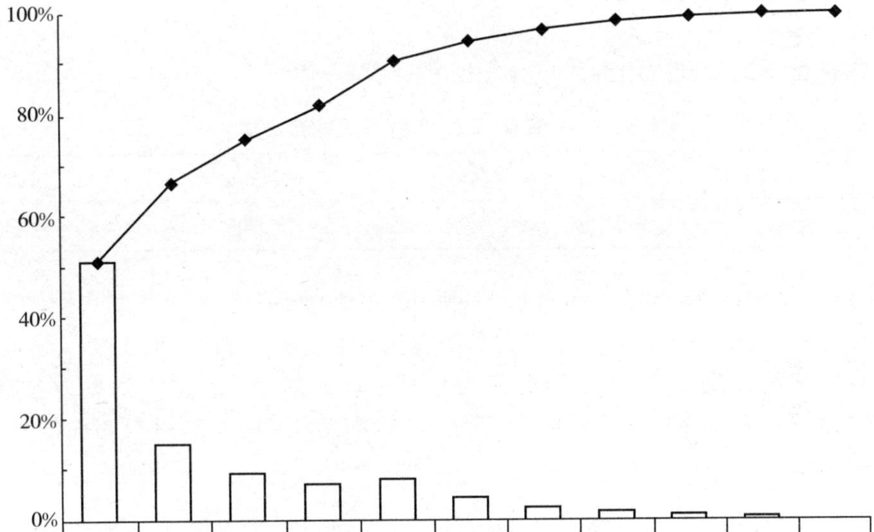

	~2.0	2.0~2.1	2.1~2.2	2.2~2.3	2.3~2.4	2.4~2.5	2.5~2.6	2.6~2.7	2.7~2.8	2.8~2.9	2.9~3.0
高　别	51.1%	15.1%	9.1%	6.9%	8.2%	4.3%	2.1%	1.6%	0.9%	0.5%	0.1%
累　计	51.1%	66.1%	75.2%	82.1%	90.3%	94.7%	96.8%	98.4%	99.4%	99.9%	100.0%

车高（m）

图 5－17　在首都高速道路中小型货车的高度与交通量（1997 年调查）

5. 最小转弯半径

对于小型机动车等的最小转弯半径参考日本售卖的乘用车要素，取 7.0 米。

6. 车辆的总质量

参考登记的小型货物机动车（东京都）中有 84%不足 3t（图 5－18）和一般紧急救护车辆不足 3t，小型机动车等的质量规定超过了日本售卖乘用车辆的总质量，在道路构造法令中规定设计车辆的质量为 30kN（3t）。

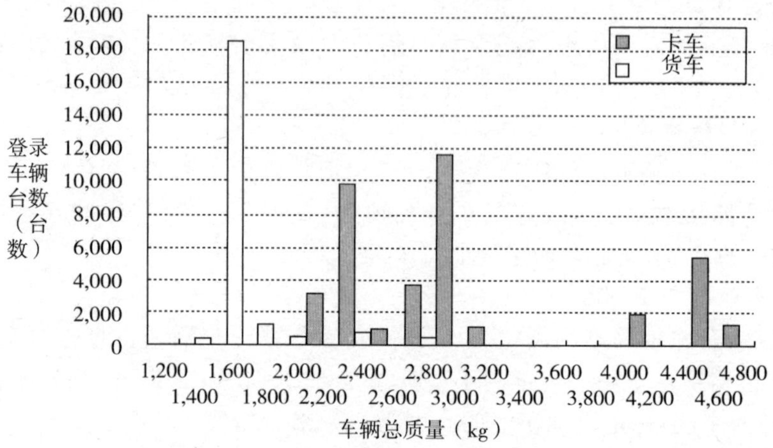

图 5－18　在首都登记的小型货车总质量分布图(1995 年调查)

5.6.3　自行车与行人

在自行车道设计中用到的自行车尺寸见表 5－20。

表 5－20　自行车的设计尺寸

占有的宽度(m)	高度(m)(行走时)	长度(m)	脚蹬高(m)
1.00	2.25	1.90	0.05

自行车构造的标准尺寸如图 5－19 所示。因为要考虑自行车左右摆动行驶的空间，需要设置富余宽度。因此，自行车占有的宽度如图 5－20 所示，取 1.00 米。

自行车的高度 2.25 米是指到人骑车时头顶的高度。在上方需要设置富余量，因此建筑界限需要高于该值。脚蹬的高度为 0.05 米是为了防止脚蹬与路面等发生碰撞所需的富余高度。

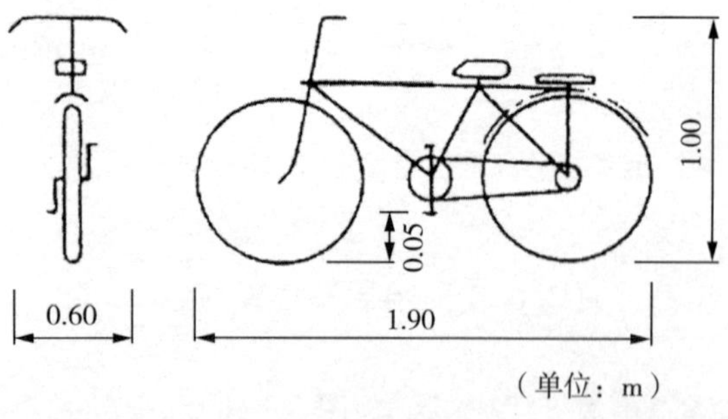

图 5－19　自行车尺寸

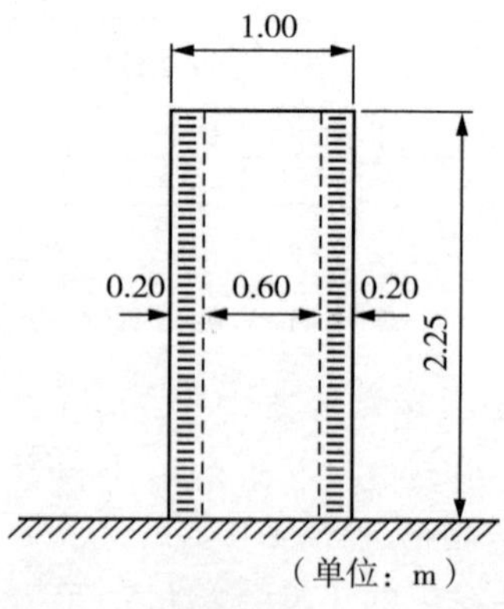

图 5－20　自行车占用的宽度

行人的宽度在物理空间上是 0.5 米左右，这时也需要有一定的富余宽度，因此占有宽度取 0.75 米(图 5－21)。

轮椅根据 JIS 标准，宽度在 0.63 米以下，电动轮椅根据 ISO 和 JIS 标准，宽度在 0.7 米以下，考虑轮椅运行中伸出手臂的宽度，轮椅的占有宽度取 1.0 米(图 5－22，图 5－23)。

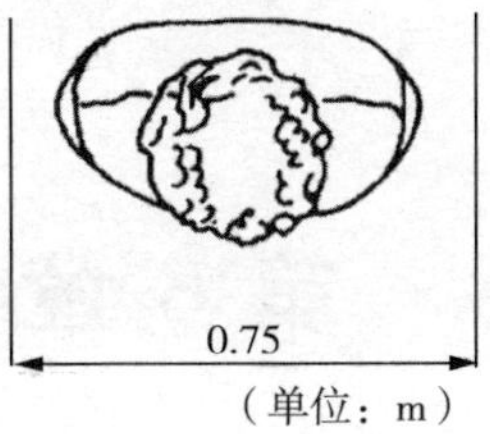

图 5－21　行人所占的宽度

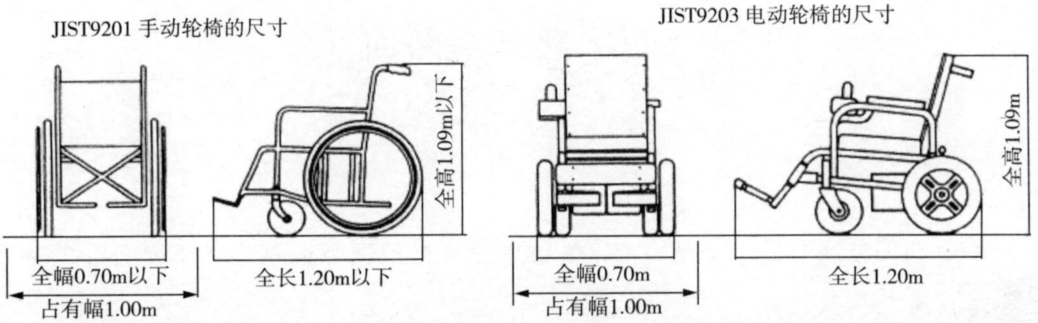

图 5－22　轮椅尺寸和占有宽度

除上述以外，道路利用者还有拄拐杖的行人和方向盘式电动车的驾驶者。拐杖使用者的宽度取 0.9 米，加上富余宽度其占有宽度取 1.2 米。方向盘式电动车的宽度取 0.7 米，加上富裕宽度其占有宽度取 1.0 米。

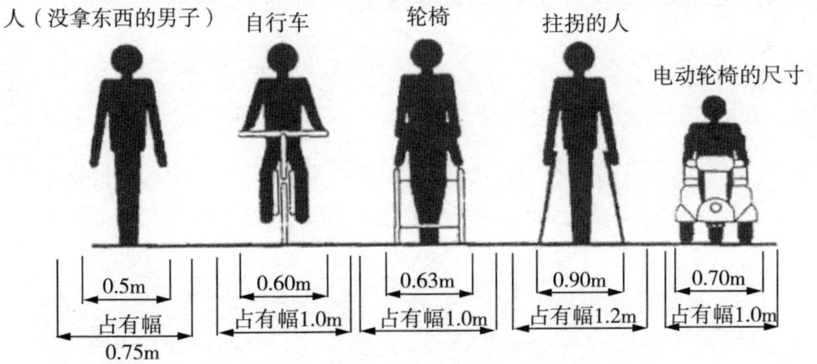

图 5－23　道路利用者的基本尺寸

第6章　路基、路面和道路构造物

6.1　路基与路面

6.1.1　构造

路基、路面基层与路面成为一体，在通常的交通条件和天气环境下是处于稳定的构造。

6.1.2　路基

如图6-1所示是填方路段的主要组成部分，支撑路面基层，同时在自重作用下，必须保证路基处于稳定的状态。特别是在软弱地基上时，应对原地基进行处理后再进行填土。填土要选择好材料，进行充分的压实，对护坡斜面进行处理。

6.1.3　路面基层

路面基层是支撑道路路面的构造，路面铺装层下约1m左右厚度的均一土层（如图6-1所示）。支持从路面传来的荷载，因此必须要有均布的支持力和稳定的性能（如图6-2所示）。

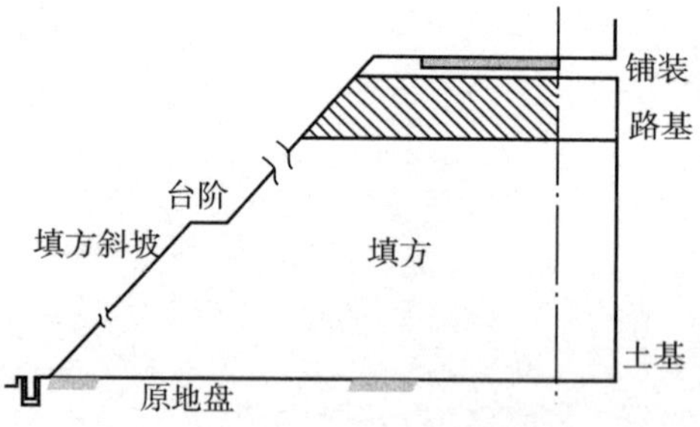

图6-1　填方工程各部分的名称

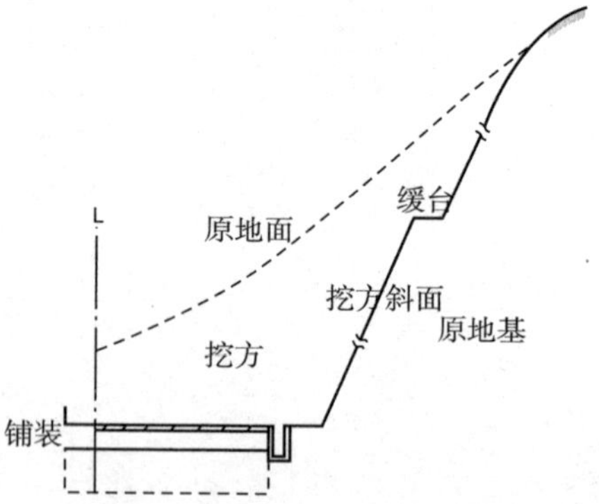

图6-2　挖方工程各部分的名称

6.1.4　路面与路基设计指南

关于路基与路面基层的设计可以参考《道路土建工程—施工指南》《道路土建工程—软弱地基处理对策指南》与《道路土建工程—护坡斜面工程及斜面稳定工程指南》(日本道路协会)。

6.2　路面设计

6.2.1　路面铺装

路面铺装是指为了人和车辆安全顺畅的通行,有助于确保沿线环境,在路面基层上填筑沥青、水泥和碎石等材料压实而成的路面以及用砌块砌成的路面。

在车道、中央带(分离带除外)、车道路肩、自行车道以及人行道,除交通量很少等特殊情况外都要进行道路铺装。行车道及其侧面的路面铺装,不论采用什么样的材料,都要满足国土交通省规定的《行车道及其侧面的路面构造的标准》(2001 年国土交通省第 103 号)所要求的性能要求。

考虑行走的安全以及减低环境的负荷等方面,根据需要采用让水能够从路面渗透路面铺装的内部的道路构造以及采用减少道路交通噪音的路面铺装(排水性铺装等)。

6.2.2　路面铺装设计

行车道及其侧面的铺装必须采用如下构造:即该构造的性能要能够满足保证交通安全顺畅的通行,并且道路管理者在路面设计前,综合考虑道路所在地域的地质和气候条件以及道路交通状况,用路面构造技术标准确定路面的性能指标以及数值。

路面铺装应有的性能中包括在《路面构造技术标准》(2001 年 6 月 29 日城市地方整备局长和道路交通局长共识)提出的如下 3 个性能指标和追加了第 4 个性能指标,即追加了为了雨水能顺畅浸透路面以下的性能指标:

(1)相对于疲劳破坏的耐久性(疲劳破坏次数);

(2)抗车辙能力(塑性变形次数);

(3)路面的平整度;

(4)雨水的渗透能力(渗透水量)。

行车道的道路铺装必须抗滑并耐久。在积雪地区,由于机动车安装防止轮胎打滑的铁链,对路面铺装的损害比较严重,因此,路面要有耐磨性能。对于这些指标,道路管理人员根据需要而定。

行车道边缘的路面,因为车辆轮胎在其上面行驶的情况较多,因此,必须采用与行车道路面性能同等程度的路面构造，并通过车道标线来区分行车道。

与车道相比，机动车在路肩（车道侧面的路面除外）行驶的情况较少，原则上路肩的铺装采用比车道简单的构造。但是，第3类以及第4类道路中，希望车道外侧大于25cm，或者改为至少25cm范围内的路面与车道路面性能一致。当由于路肩的宽度较窄、采用简易构造铺装路肩较困难时，路肩全宽与车道采用同样的构造进行铺装。

当铺装道路与未铺装的道路相交叉时，需要对未铺装的道路进行延长铺装。延长铺装的长度要根据未铺装道路的纵向坡度和交通量等条件而定。但是，为了使机动车能够顺畅的进入交叉道路，在铺装道路的路面上不能搬运泥土和砂砾，并设置必要的标志标线。

自行车道、自行车行人混合道和人行道，荷载较小，应进行简易铺装。为了让老人与残疾人能够顺畅通行，应使道路铺装平整、抗滑，并考虑让雨水能够顺畅渗透的构造，以防止雨水飞溅到身上。关于详细的重点整备地区人行道铺装可以参考《道路顺畅通行整备手册》（国土技术研究中心）。

由于路面的铺装要进行维修和养护，在铺装规划中应从回收再利用的角度考虑路面构造。

由于在道路运输车辆的保安标准及车辆限制法中，机动车的最大轮重为5吨，因此规定路面铺装设计用的荷载基准为49kN。实际行驶的机动车轮重，从小车到大车种类很多，交通量也是多种多样。要将这些交通量换算成轮重为49kN的标准轴重来进行路面铺装设计。

机动车交通量较少时或有其他特殊理由时，综合考虑道路状况与交通状况，尽可能采用保证交通安全顺畅的道路铺装。此时，可以不符合规定的标准，路面铺装设计用的轴重可以采用49kN以外的数值。

6.2.3 路面铺装指南

对于车道及两侧路面的铺装可以参考《铺装构造技术标准以及说明》《铺装设计施工指南》和《排水性铺装技术指南》（日本道路协会）。人行道与自行车道的铺装可以参考《铺装设计施工指南》和《自行车道等设计标准及说明》（日本道路协会）。

对于道路路面铺装，除了在交通量很少的特殊情况下，在车道、中间带（分离带除外）、车道路肩、自行车道以及人行道应进行道路铺装。对车道和路缘带进行道路铺装时，应将机动车车轮轴重的标准设为49kN。要考虑计划交通量、机动车的重量、路面基层的状态、气象状况等因素，以确保机动车安全且顺畅地通行，其结构应符合国土交通省法规定的标准。但是，在机动车交通量较少或者其他特殊情况下，可以不受此限。第4类道路（隧道除外）的铺装工程应该考虑该道路所在的地区、沿线的土地利用情况以及机动车的交通状况，在必要的情况下，应该采取能使雨水顺利浸入路面下，同时还可以采用减少道路交通噪音的结构。但是，由于道路的构造、气象状况以及其他特殊原因，在不得已的情况下可以不受此限。

6.3　排水设施

在日本，由于降雨量大，直接或间接地导致道路损坏，引起交通障碍。从保证道路完整、交通安全的角度出发也需要非常重视适当的排水，因此，在道路设计时必须充分考虑。

6.3.1　道路排水的分类

为了顺利的排除道路上的水，在必要的情况下应该设置侧沟、街渠或其他适当的排水措施。

道路排水大体上分以下 4 类。

路面排水：从路面以及相邻道路排除由于降雨或降雪产生的表面水。但是，在护坡斜面上向下流的表面水属于斜面排水。

地下排水：降低地下水位，以及快速除去和切断与道路相邻地带从路面渗透的水或从路面基层上升的水。

斜面排水：从路堑、路堤或者自然的斜面护坡流下的水，以及为了防止从斜面护坡涌出的地下水侵蚀斜面护坡降低边坡稳定性的排水。

构造物排水：排除构造物里面的积水、构造物内的渗水和降雨、降雪、桥面的表面水。

计算排水设施的排水能力时，要考虑降雨流量、雪融化的流量以及其他提供水源的流量之和。

6.3.2　路面形状

在一般的路面上，由于设置横坡和纵坡，雨水可以通过这些构造排除到道路之外。但是交叉口和分、合流点，是纵断面竖曲线和横向坡度组合的地方，这些地方路面的形状不规则，容易引起排水不畅。

在可能发生排水不畅的地段，必须每隔 5～10cm 绘制路面的等高线，规划设计路面的立面使之不发生排水不畅和机动车行驶不良的现象。

特别是在横穿马路的人行道上，要充分考虑设置适当的雨水井使路面积水不影响行人和轮椅使用者的通行。

6.3.3　排水设施的构造标准

排水设施构造的标准可以参考《道路土建工程—排水工程指南》（日本道路协会），排水性路面的铺装可以参考《排水性铺装技术指南》。

6.4 隧道设计

6.4.1 隧道施工方法

隧道施工的方法有暗挖法(或叫新奥法)、盾构法、掘进机法和沉管法等。在山岭地区一般采用暗挖法(或叫新奥法),在城市中一般采用暗挖法(或叫新奥法)、盾构法、掘进机法,在水下一般采用盾构法和沉埋法。

6.4.2 隧道设计

隧道的平面线形宜采用直线或大半径曲线。为了不妨碍隧道内的排水,隧道的纵向最小坡度不小于0.3%。同时,为了不妨碍换气,最大坡度不大于3%。但是,延长段等特殊情况下,可不受此限。

净断面应包括规定的建筑界限、换气、照明、紧急设施和维修养护所需要的断面面积,并考虑隧道的安全和经济性,确定隧道断面的形状和尺寸。在暗挖法施工的隧道通常采用由3心圆或5心圆确定的马蹄形(如图6-3所示)。

隧道是为了保证安全和功能要求保持必要的净空断面而砌筑的构造物。构成暗挖法施工构造物的构件有喷锚混凝土、锚杆、拱形钢支护结构以及衬砌等。构成盾构法施工构造物的构件为成环砂浆衬砌。构成掘进机法施工构造物的构件有箱型框架钢结构构件或者是混凝土构造。构成沉管法施工隧道的构件是沉管涵。

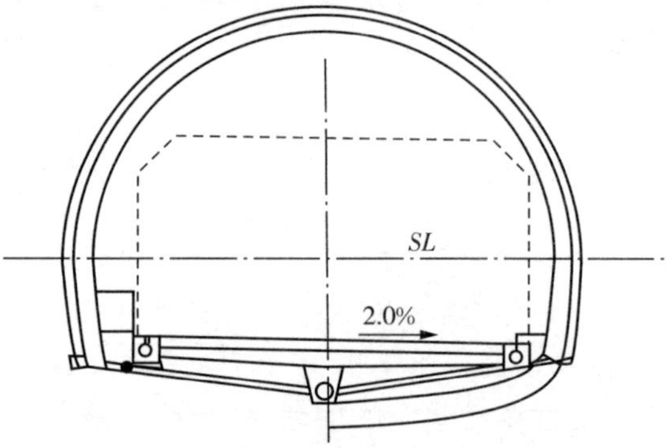

图6-3　暗挖法施工的隧道断面

在隧道设计时,为了不使隧道部分成为交通瓶颈,需要在隧道洞口、照明设施方面采取措施。

6.4.3 隧道的设计标准

关于暗挖法施工隧道的构造设计可以参考《道路隧道技术标准(构造篇)及说明》(日本道路协会)。

6.4.4　隧道附属设施

1. 换气设施

在隧道中，为确保交通的安全与顺畅，必要时应根据该道路的规划交通量以及隧道的长度，修建适当的换气设施。

机动车的尾气中含有一氧化碳、氧化氮、炭化氢、乙醛、亚硫酸气体以及铅和煤烟等物质。这些气体中煤烟妨碍视线，一氧化碳等气体对人体有害，为了保证通行的行人在隧道中安全、顺畅的通过，设置换气装置是有必要的。当不能利用自然通风换气，设计换气设施进行机械换气。

机械通风的方式大体上分3类：纵向流通式、半横向流通式和横向流通式。但是在选择的时候，根据隧道的种类和长度、交通条件、天气条件、防灾、工程费用以及维修管理费等综合考虑而定。关于换气设施的设计可以参考《道路隧道设计标准(换气篇)及说明》(日本道路协会)。

2. 照明设施

在隧道中，为确保安全且顺畅的交通，应参考道路的设计速度等因素，修建适当的照明设施。

隧道照明应考虑入口照明(满足白天驾驶员自明亮的室外进入昏暗的隧道中无危险的机动车安全行驶的照明设施)、基本照明(机动车排出的煤烟降低了能见度时，为了得到安全行驶所必需的视距，提高隧道内部灰度的照明设施)、出口照明(从隧道内部出来适应隧道外非常明亮的照明设施)以及在连接隧道的道路设计连续照明等照明设施。除此之外，为了防止停电等危险，应设计由紧急电源(蓄电池或者发电设备)提供照明的紧急用照明设备。

关于照明设施可以参考《道路照明设施设置标准及说明》(日本道路协会)。

3. 紧急用设施

在隧道中，当机动车辆发生火灾或者其他事故有可能给交通带来危险时，根据需要，应设置通信设施、报警设施、灭火设施以及其他紧急设施。

在隧道内，万一发生火灾时，根据以往火灾事故的示例有可能会引发重大事故。为此，为了应付这种情况，有必要设计适当的紧急用设施防止事故的扩大，降低灾害。关于紧急用设施的设置可以参考《道路隧道紧急用设施设置标准及说明》(日本道路协会)。

6.5　桥以及高架道路等

6.5.1　结构

新建或改建桥梁、高架道路、栈道以及其他类似的道路构造时，规定必须采用有足够的承载力，耐久性的钢结构、混凝土结构或者与之相当的构造。桥梁、高架道路以及其他此类结构的道路应遵照钢结构、混凝土结构及相关技术标准来建造。

桥、高架道路以及类似构造的道路（以下称为桥梁）结构，应综合考虑该桥梁的结构形式、交通状况、该桥所在地区的地形、地质、气象等状况，在自重、活荷载、风荷载、地震等作用时以及其荷载组合作用下该桥具有充分的安全性。

6.5.2 设计机动车荷载

1. 普通道路的设计机动车荷载

桥梁、高架道路以及其他此类结构的普通道路，设计时所规定的机动车荷载应为245kN，同时还要考虑该桥、高架道路以及其他类似结构的普通道路上大型机动车的交通状况，其结构应能确保交通安全。

在道路桥梁规范中机动车荷载分为A、B两类。假定总重量为245kN的大型机动车高频率在桥梁、高架道路以及其他此类结构的普通道路上行驶时的活荷载为B荷载；假定总重量为245kN的大型机动车低频率在桥梁、高架道路以及其他此类结构的普通道路上行驶时的负荷荷载为A荷载。

高速国道道路、一般国道以及都道府县道路及形成道路干线交通网的市乡村道路，作为干线道路作用和连接交通网功能的道路考虑采用B活荷载进行桥梁设计。其他的市乡村道路，根据大型机动车的交通状况采用A类活荷载或B类活荷载进行桥梁设计。

在车辆限制法第3条中规定，机动车的最大质量，总质量25吨，轴重10吨，轮重5吨。

以道路运输车辆法为基础，在道路运输保安标准中，与车辆限制法相同，规定了同样的机动车重量。

一般在桥梁与高架道路中，必须能让上面所说的机动车通行，因此以此为对象确定设计机动车荷载。

2. 小型道路的设计机动车荷载

桥梁、高架道路以及其他此类结构的小型道路，设计时所规定的机动车荷载应为30kN。同时还要考虑到该桥、高架道路以及其他类似结构的普通道路上大型机动车的交通状况，其结构应能确保交通安全。

关于小型道路的设计机动车荷载应大于在日本售卖的乘用车（根据道路运输车辆法第3条规定定员10人以下的机动车）的车辆总质量，同时参考小型注册货车（东京）大约84%不足3吨以及一般紧急救护车辆不足3吨，因此规定设计机动车荷载为30kN。

6.5.3 结构标准

桥梁、高架道路以及其他此类结构的道路实际设计时可以参考《道路桥梁示方书及说明》。

第 7 章　交通附属设施

为了防止交通事故，保证交通安全，应按照国土交通省法的规定设置天桥、栅栏、照明设施、视线引导标志、紧急联络设施等其类似设施。

根据相关法规确定的设施如下：

(1)简易护墙；

(2)道路标识；

(3)道路信息管理设施(除紧急联络设施外)；

(4)能确认其他车辆或行人及自行车的镜子。

过街天桥以及地下通道(统称为立体过街设施)是把横穿车道的行人与自行车利用者从空间上分离，防止交通事故并保证机动车安全顺畅通行的重要的设施。

栏杆一般在防止车辆驶出路外的防护栏以及在其他用途中使用。防护栏是指防止车辆驶出路外并能让车辆回到正常的前进方向，保证驾驶员、行人和沿线建筑安全的构造物，也包括为了防止行人横穿道路的构造物。作为其他用途的栏杆，包括为了防止行人及车辆进入的禁入栏杆以及防止在高架道路或填方路堤行驶车辆向外乱投废弃物品而设置的禁止乱投废弃物品的栏杆。

照明设施是指让道路利用者正确把握道路和交通状况等保证良好视觉环境而设置的构造设施。视线引导标志是指适当引导驾驶员视线，保证安全舒适驾驶车辆的构造设施。确认其他车辆或行人及自行车的镜子是指为了在道路曲线部分或通视不好的交叉口确认其他车辆或行人及自行车而设置的构造设施。

关于道路标志和道路信息管理设施将在 7.2 部分的内容中论述。

另外，其他交通安全设施，如并列的两座桥梁为了防止道路利用者跌落而设置的防止跌落网，防止阳光刺眼设置的遮阳板等

7.1　交通安全设施

7.1.1　立体横穿道路设施

在第 1 类和第 2 类道路中，行人及自行车利用者横穿道路时，需要设置立体横穿道

路设施。在第3类和第4类道路中，为了防止行人及自行车利用者横穿道路发生交通事故，根据需要设置立体横穿道路设施。

1. 设置立体横穿道路设施的位置

立体横穿道路设施是把横穿车道的行人及自行车利用者从空间上分离，防止交通事故并保证机动车安全顺畅通行的重要的设施。还包括横穿平行铁道或根据轨道法新架设的轨道时设置的立体横穿道路设施。关于第3类和第4类道路，必须考虑道路和交通状况、经济条件等来确定是否设置立体横穿道路设施。

2. 立体横穿道路设施的形式及构造

立体横穿道路设施的形式主要有过街天桥和过街地下通道。关于过街天桥和过街地下通道的选择必须充分考虑道路和沿线状况以及经济条件，选择利用率高的构造。一般情况下，符合下面条件之一，并且确认设置上没有问题时，希望采用过街地下通道。

(1)与过街天桥比升降高度非常低时；

(2)在居住与商业区，根据沿线情况设置过街天桥比较困难，并且影响地方风景时；

(3)从地形条件讲比较适合设置过街地下通道时；

(4)在积雪寒冷地区，特别是冬季积雪较大时。

关于升降方式一般有台阶式和斜坡式两种，为了老人与残疾人的顺畅移动，必要时考虑设置电梯和滚梯。设置时必须对横穿道路的行人及自行车利用者进行充分的调查。

设置后交通运营是否合适，很大程度上影响立体横穿道路设施的利用率。所以事先要对相邻横穿车道设施、交通信号机的位置、交通管制以及信号处理等进行充分的调查，并与横穿道路的行人和自行车利用者充分交换意见。

关于立体横穿道路设施的形式与位置选择以及交通运营和结构等可以参考《立体横穿道路设施技术标准及说明》(日本道路协会)。在交通无障碍法中确定的特定道路中设置立体横穿道路设施时升降方式和通路结构可以参考《道路顺畅移动设备手册》(国土技术研究中心)。

7.1.2 防护栏

车辆驶出路外可能给乘坐机动车的人带来伤害，根据道路线形及气候条件等，相应于道路和交通状况，在需要的路段，原则上应设置车辆专用防护栏。

行人或自行车利用者可能跌落到道路外或车道的路段及禁止行人横穿车道的地方、不想让行人等随意横穿车道的路段，根据需要，考虑道路与交通状况，设置行人与自行车用防护栏。

1. 防护栏的设置场地

防护栏是防止车辆、行人和自行车等驶出路外造成伤害，以及防止或减轻驶出路外的机动车对第三方，如道路沿线设施以及车辆物品造成损害的构造。防护栏从用途上可分为车辆专用防护栏和行人及自行车专用防护栏。

(1)车辆专用防护栏

车辆专用防护栏设置在车辆可能驶出路外并给乘坐机动车的人带来伤害的路段上，

还应设置在车辆容易行驶到行车道路外、反向车道以及人行道，有可能会造成第三方伤害的路段上。路堤、桥梁和高架桥等路段上，车辆驶出路外时会给当事人带来很大的伤害。在河流附近路段上车辆驶出路外时车辆有可能被淹没；进入桥梁隧道时，车辆有可能会与构造物相撞。因此，在这些路段上为了防止或减轻当事人或第 3 方的伤害应设置车辆专用防护栏。铁路或轨道与道路立体交叉附近，有分离带的国有高速公路、机动车专用道路以及一般道路上高速行驶的路段，为了防止车辆驶入人行道而对行人造成伤害，这样的路段需要设置车辆专用防护栏。其他如道路线形和气候条件等不好的路段需要设置车辆专用防护栏。

(2)行人与自行车专用防护栏

行人与自行车专用防护栏是在路堤、桥梁及高架桥等路段以及人行道与水相邻等的路段中，行人有可能走出路外跌落造成危险；人行道与车道之间有高差，行人等容易跌落到车道，可能给人造成危险。在这些路段上，为了防止行人跌落应设置行人专用防护栏。在道路斑马线外随意横穿马路所引起的交通事故较多，类似这样交通事故危险性特别高的路段，虽然根据都道府县公安委员会道路交通法的规定禁止横穿马路，但是在这样不希望让行人横穿马路的路段上，防止横穿马路应设置行人与自行车专用防护栏。在低速行驶的城市道路上，希望把人行道与车道分离以保护行人安全的路段，根据需要为了分离人行道与车道，可以设置行人与自行车专用防护栏。在设置行人与自行车专用防护栏时，必须充分考虑道路和交通状况。

2. 防护栏的性能

(1)车辆专用防护栏

车辆专用防护栏的设置要根据强度(机动车撞击时防撞能力)、设置位置确定防护栏的种类。车辆专用防护栏包括：防止车辆驶出路外的防护栏、保护乘车人员安全的防护栏、车辆诱导型防护栏和防止结构破坏的防护栏。在车辆专用防护栏中有导轨、导棒、箱型梁、导索、梁式防护栏等柔性防护栏、有混凝土护壁式防护栏等刚性防护栏。选择防护栏的形式时要综合考虑性能、经济、维修和施工条件等方面，充分注意隔离带的宽度，实现引导、保证辨认性能、行驶时安全舒适以及与周围环境的协调、除雪等因素。选择车辆专用防护栏的色彩时，要考虑不影响道路的景观性。在考虑夜间的辨认性等时需要设置视线引导标志及引导措施。

(2)行人与自行车专用防护栏

根据设计强度和设置目的(防止横穿马路或防止跌落)确定行人与自行车专用防护栏的种类。防护栏的设计强度必须保证不发生塑性变形。行人与自行车专用防护栏、螺栓等突起物，构件之间的连接不能有伤害行人等的形状。防止跌落为目的设置的防护栏，应采用行人不容易拔出的行人与自行车专用防护栏。关于防护栏设置路段、种类和性能可以参考《防护栏的设置标准及说明》(日本道路协会)。

7.1.3　照明设施

为了夜间交通的安全和顺畅，需要时应设置照明设施。

能够看到被照明的道路障碍物的情况有：被照明的路面较亮，会把相对较暗的障碍物看成影子。如果在照明较暗的道路上依靠机动车的前灯照射道路，在道路通视的同时，如果有障碍物的话，驾驶员是通过反射光线看清障碍物。即，在周围背景较暗时，用机动车前灯能够发现障碍物的情况是，障碍物反射率越好越容易看到障碍物。

在道路上的障碍物反射率大多较低，因此，照亮道路发现障碍物的概率比用机动车前灯发现障碍物的概率高。并且道路照明还有可以扩大视线、提高通视和引导视线的良好效果。

根据设置场地，道路照明大体分连续照明、局部照明和隧道照明三类。

连续照明是指在某段道路上设置一定间隔的灯具，照亮该路段。交通量大的城市道路主要采用连续照明。

局部照明是指在道路上需要的地方进行局部照明。如交叉口、桥梁、曲线部分、横穿马路的人行道、道路组成单元发生变化的地方，或者在道路利用上特别需要的地方采用局部照明。隧道照明是指隧道或者是地下通道等的照明，要保证灰度均匀。

在人行道等应有行人照明设施。为了行人与自行车的交通安全，根据需要设置行人照明。对于根据交通无障碍法重点建设的区域，规定设置行人照明。

关于设置照明设施时的亮度、设置位置等可以参考《道路照明设施设置标准及说明》（日本道路协会）和《道路顺畅移动建设手册》（国土技术研究中心）。

7.1.4 视线引导标志

需要明示道路线形，引导驾驶员视线的路段，应设置视线引导标志。

视线引导标志是沿行车道一侧明示道路线形，引导驾驶员视线而设置的设施。主要是在夜间需要视线引导的路段设置反光式视线引导标志和自发光式视线引导标志；以及在积雪寒冷地区，为了除雪作业的需要在必要的路段上设置除雪标杆。

视线引导标志的构造、形状以及设置方法可以参考《视线引导标志设置基准和说明》（日本道路协会）。

7.1.5 道路反光镜

在弯曲道路路段以及通视不好的交叉道口，为了确认其他车辆，必要时设置道路反光镜。

根据道路构造法令，道路结构应该不需要设置反光镜进行线形设计。但是在山区的弯曲路段、小的平曲线半径以及通视不好的交叉道路等易发生交通事故的地方，应根据需要设置道路反光镜。

道路反光镜有圆形和角型，一般为凸透镜。选择反射的形式、镜面半径以及凸出半径时，要充分考虑设置场地的交通状况、道路状况以及经济情况等进行选定。

镜面应该是反射率高，没有阴影、变形、气泡、条纹等缺陷，并具有足够的强度、耐久性等优点。并且对于自重和风力等作用，支柱与基础要有足够的强度。关于道路反射镜的设置可以参考《道路反射镜设置指南》。

7.2　交通管理设施

为了道路交通的安全和顺畅，在防止发生交通事故的路段，需要设置道路标志、道路标线、紧急电话、提供道路信息设施、车辆的监视设施、车辆测速等设施和收费站等交通管理设施。还需要充分考虑交通信号灯的设置。

对于新建或改建的道路，考虑该道路的种类、性质、该道路的线形、交通量、车辆的种类构成以及其他交通环境的同时，也要综合考虑与该道路连接的其他道路路段的交通设施，根据需要规划道路标志、道路标线、紧急电话、提供道路信息设施、车辆的监视设施、车辆车速等设施及收费站、交通信号灯等。

交通信号灯的设置与管理归都道府县公安委员会管辖。同样，对道路标志、道路标线的数量等进行规划时，要充分与都道府县的公安委员会进行协调，努力使道路管理者与都道府县的公安委员会两方实现相互协调的一体化管理，充分发挥道路管理设施的作用。

7.2.1　道路标志

道路标志的种类、样式、设置位置、色彩以及尺寸等根据《关于道路标志规划线以及道路指示等法令》(1955 年总理府建设省令第 3 号，以下称为标识法)规定执行。

道路标志是保护道路构造，形成安全顺畅的道路交通所不可缺少的道路附属物，有为道路利用者使用道路时进行必要的导向、传递警告和交通管制信息的功能。关于道路标志设置的法律依据，在道路法以及道路交通法中有所规定。关于样式、设置人员的划分、设置场所等，在标志法中有所规定。

1. 道路标志的种类与设置人员

道路标志的种类分为基本标志和辅助标志。辅助标志的功能是为辅助基本标志而设置，不能单独使用。基本标志有 4 类，下面分别就其功能与设置人员进行说明：

(1)导向标志

标志目的地的方向、距离、著名地点、市镇村的边界线、服务设施、道路的种类以及道路编号等构造物。给通行的道路利用者以导向的作用以及提供有益的信息等。设置的人员为道路管理者。

(2)警告标志

为道路利用者预告交叉口、道路弯曲路段、火车道口等行走比较危险路段的构造物。设置的人员为道路管理者。

(3)交通管制标志

提示道路利用者必须遵守的限制情况或特别的义务(如禁止通行、禁止停车、限制最高速度等)的构造物。道路管理者可以设置限制重量和机动车专用道路等标志，公安委员会可以设置禁止超车和禁止停车等标志。两者都可以设置的标志有禁止车辆通行和指定方向外禁止进出等标志。

(4)指示标志

根据需要指示人行横道和安全地带等交通路段的标志。公安委员会对其进行设置(但是关于《交通管制的预告》也可以由道路管理者进行设置)。

2. 道路标志的设置

道路标志是为了给道路利用者提供确切的信息,保证道路交通的安全和顺畅,充分发挥效果而设置的。为此,道路沿线必须提供一致的信息和指示,统一合理地进行规划。

在选定道路标志设置场地时,应注意以下几点:

(1)考虑道路利用者的行动特性;

(2)道路标志的清晰确认性;

(3)不妨碍沿线道路的利用;

(4)不需要设置标志的路口,尽量不设置道路标志;

(5)在管理上不能造成障碍。

关于道路标志的设置可以参考《道路标志设置标准与说明》(日本道路协会)。

7.2.2 道路标线

在铺装的道路路面上,需要时应设置道路标线。

根据标志法的规定确定道路标线的种类及设置场所。

道路标线是与道路标志一同对道路交通进行整理、引导或交通管制的设施。即道路标志和标线作为交通管理设施是非常重要的。道路标线分为在路面铺装上设置的路面标线和接近(包括空中)构造物的前面设置的垂直路面标线。其中路面标线在标志法中规定由道路管理者设置画线,由公安委员会对道路标线的种类、样式、尺寸以及设置场所进行规定。关于垂直路面标线,从法律上没有交通管制规定,也称为道路标线。在新建和改建道路时,根据需要,考虑设置。下面就主要内容进行阐述:

1. 路面标线

路面标线的色彩,根据标志法的规定应采用白色和黄色。路面标线的样式、尺寸以标志法为基础可以参考《修订路面标线设置手册》(交通工程研究会),进行画线(图 7－1)。

(1)行车道中心线、车道分界线以及行车道边缘线

纵向标线一般分为连续的实线和断开的虚线,其意义如下:

① 实线:为了横穿、调转车头、左右转弯和停车而设置,除横穿外,不容许跨线。

② 虚线:进行超车等时,妨碍交通的情况下,可以跨越。道路的宽度以及路面标线的位置,需要根据道路设计时的道路横断面组成来决定。

(2)导流标线

导流标线是在需要导流的交叉路口和匝道终点时设置的非常重要的标线。

(3)交叉口附近的路面标线

交叉口附近的路面标线是指标识横穿道路、停止位置、车道划分、各车道行进方向、

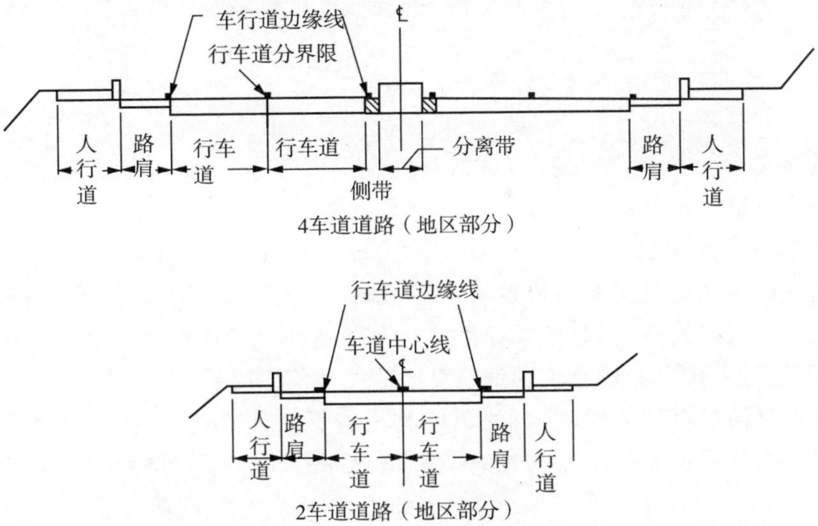

图 7－1　路面标线的位置

左右转弯等。对交通安全性和顺畅性影响较大。

2. 垂直路面标线(车道障碍物的标线)(日本特有的)

垂直路面标线(车道障碍物的标线)是道路内构造物的一部分或全部,以及在道路外侧没有富裕路宽时,为了必须改变行驶机动车的行进所设置的构造物。或者为了防止车辆脱离道路撞击路外的构造发生危险而置的指示标线。具体讲,标线的设置对象有跨线桥的桥墩台、跨结构以及在其前面设置的路障,另外还有交通岛等以及其前面的路障。

在实际设置时可以参考《修订的路面标线手册》(交通工程学会)。

7.2.3　紧急电话

在第 1 类、第 2 类道路以及出入受限制的第 3 类第 1 级、第 2 级和第 4 类第 1 级道路中,为了在火灾、交通事故、车辆故障时与相关机关联络,根据需要,在适当的间隔内设置紧急电话。

紧急电话是为了通知与寻求交通事故帮助,在道路一侧或服务设施内设置的专用电话。在第 1 类、第 2 类道路以及出入受限制的第 3 类第 1 级、第 2 级和第 4 类第 1 级道路中,发生交通事故和车辆故障时不可能在路旁得到援助或即使能得到援助也非常有限,并且在上述道路中行驶的车辆速度一般较高,在道路上放置交通故障车辆有可能引起二次交通事故,需要尽快处理。从上述观点出发,根据需要在道路上设置紧急电话。

电话的通话方式和种类应根据道路的种类、管理体制进行适当的选择。通话的对象有通知警察署、消防署和通知道路管理者两种情况,在需要通知后者时,宜采用以下方式:

- 除了能与道路管理者通话外,还应该能与警察署、消防等必要的当事人通话;
- 拿起电话就能通话等,即通过简单操作就能通话;
- 采用能通报正确信息的通话方式;

● 接到紧急电话的道路管理者能够自动确认发送信息的位置。

7.2.4 道路信息提供装置等

为了道路交通的安全和顺畅，为道路利用者提供道路、天气交通状况以及通行管制信息时需要设置道路信息提供装置。

1. 道路信息提供装置

道路信息提供装置是实时的将道路、天气等变化情况，以及伴随的交通管制情况，迅速准确地提供给道路使用者，为车辆提供安全和顺畅的交通而设置的装置。包括道路信息表示装置、路旁无线电播放装置和道路交通信息通信系统等。

在设置道路信息提供装置时，以为道路利用者提供的主要内容、合适的设置位置及提供装置的形式为依据。为交通提供有效的信息，保证安全顺畅的交通，需要进行设置规划。

2. 道路信息收集装置

雨雪、路面冻结、风、雾和地震等天气现象会引起斜面滑坡、打滑、行驶不稳定、视线受阻等各种各样的交通障碍影响车辆运行。为了有效地把握引起这些障碍的天气现象，防止二次灾害的发生，根据需要设置雨水测量计、风向风速计、积雪测量计、温度计、路面温度计、路面状况雷达、地震计、滑坡落石等超声波检测系统以及闭路电视实时监视系统(CCTV 装置)等。根据需要收集必要的信息发送到道路信息提供装置上。

3. 交通隔断设施

在由于降雨引起的落石、砂土崩落、泥石流等危险多发的路段，在海岸线海啸频发的地方等，异常天气时给车辆和行人带来危险的路段，异常天气时，有可能引起灾害时，以及灾害发生时禁止车辆行人通行等需要时，设置交通隔断设施。

交通隔断设施的设置位置一般在预想危险路段的前面，通常有手动和自动开闭的栏杆。在设置交通隔断设施的地方，同时应该设置表示异常天气时通行管制的基本内容以及管制的理由。

7.2.5 车辆监视设施

火灾、交通事故发生时，可能会给道路利用者带来危险的地方、容易发生交通堵塞的地方，根据需要设置车辆监视装置。

在隧道中，发生火灾、交通事故时，会给隧道中的车辆以及后续车辆会带来很大的危险。特别是在能够预想到危险的地方，需要信息畅通，发现异常能快速处理，以及一旦发生滞留，能够把信息通知给其他道路使用者。为了能够快速处理以及采取措施，通常在这些场所，设置道路路况监视系统。

具体的车辆监视装置有以下两种：

● 闭路电视道路实时监视系统(CCTV 装置)

道路管理能够远程控制道路监视照相机，观看画面判断道路状况。

● 车辆感知器

自动检测交通量、交通密度（正确的占有率）和车辆速度，在道路管理所进行记录，无论交通量的多少，通过感知异常高的交通密度或异常底的交通密度，判断紧急状态。

7.2.6　车辆测速等设施

为了保证车辆在道路构造中安全通行，需要时应设置车辆测速等设施。

车辆测速等设施是为了保护道路构造，防止发生交通危险，测量车辆的重量等，对违反车辆进行指导清除而设置的设施。

在高速公路、城市高速道路中，在收费站附近设置轴重计。为了在收费站对违法车辆进行检查更加便利，应在匝道等位置设置轴重计。大型车辆出入交通量特别大的路段，应设置车辆重量计；对于一般道路，应引导大型车辆到车辆重量测量所，测量车辆的总重量、高度和长度等（如图 7－2 所示）。

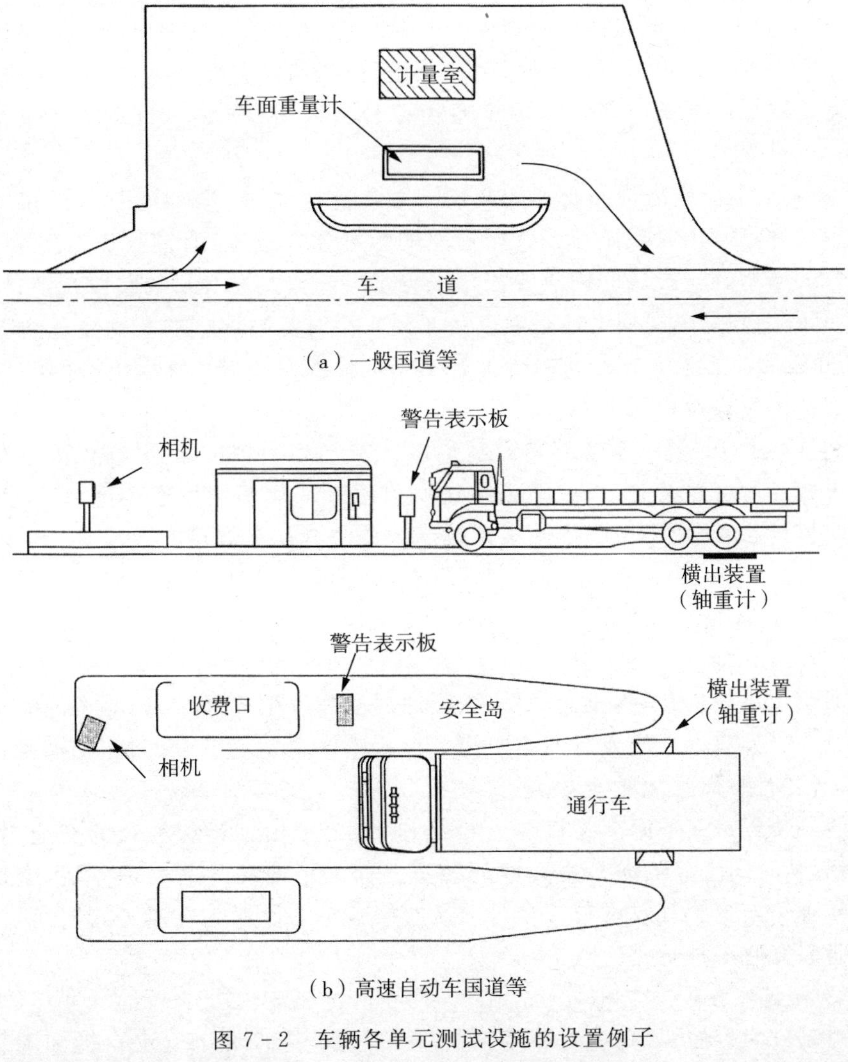

（a）一般国道等

（b）高速自动车国道等

图 7－2　车辆各单元测试设施的设置例子

7.2.7 收费站设施

在收费道路中，根据交通量适当的设置收费站，同时应考虑其规模和征收道路使用费用的系统。

在收费道路中，为了征收道路通行费用，需要设置特殊的设施，通常把这个设施称为收费站。收费站设施由收费事务所、收费关卡和安全岛构成。

收费站一般分为在主线上设置的主线收费站和在与一般道路进出口设置的匝道口收费站两类。道路使用收费系统有人工方式征收形式和对于通过收费关卡的车辆，不需要临时停车，通过无线通信征收道路使用费用的系统（ETC：Electronic Toll Collection System）。在选择道路使用收费系统时，应需要根据将来规划的交通量，使用 ETC。

在设置收费站时，在道路设置收费关卡，以及需要加宽车道部分（安全岛）应注意如下几点：

● 收费关卡的存在不能妨碍交通安全。特别是在出入口设置收费站时不能影响主线的交通。在主线上设置时，除了在主线一定的距离前设置预告和注意告示外，也要考虑在远处就能看到收费关卡。并且尽量避免在容易提高行车速度的凹形竖曲线底部设置收费站；

● 收费关卡不能成为道路交通的瓶颈。因此，在处理交通高峰期交通量时应提供足够的车道数。并且从出收费站口到连接道路的距离如果过短，通过收费站到达主线将会引起交叉口的堵塞。这段区间内需要提供设置足够停留交通容量的路段长度；

● 车道数主要是用规划交通量除以 1 车道 1 小时能够处理的车辆数来确定；

● 平面线形原则上应该是直线。但是由于地形以及其他特殊理由不得已时，保证有足够的通视范围可以设计成曲线；

● ETC 车道（有 ETC 系统的车道），从保证安全和顺畅的道路交通角度出发，考虑费用征收设施前后道路的分合流，适当地进行设置。征收费用设施构造、ETC 的通信设备等设计时可以参考《费用征收设施设置标准及说明》（日本道路协会）。

7.2.8 交通信号装置

在平面交叉口中，为了防止交通事故、交通混乱和发生交通堵塞，必要时要设置交通信号装置。在交叉口以外的人行横道中为了行人横穿道路的安全、防止交通混乱和发生交通事故，必要时要设置交通信号装置。

交通信号装置是在平面交叉口和人行横道中，为了治理错综复杂的交通、保证交通安全和顺畅，从时间上分隔通行优先权的装置。作为平面交叉的处理方法，交通信号装置被认为是确保安全的有效设施。在讨论交通信号机的设置与控制方式时可以参考《交通信号手册》（交通工程研究会）。

1. 信号控制种类

信号控制分为点控制、线控制和面控制。可以综合考虑相邻交叉口的间隔、交通量、交通流向和交通饱和量等确定交通信号控制方法。

(1)点控制

点控制是在单独交叉口中使用,分为固定周期控制和交通感应控制。

(2)线控制

线控制是在信号密集的干线道路以及城市道路中使用,信号机相互相连作为一个系统。分为固定周期控制和交通感应控制。

(3)面控制

面控制是在城市中心区域有大量交通量的道路上使用。因为道路纵横交叉,信号机的设置密度高,在点控制和线控制不能充分保证交通安全和顺畅,区域内的信号机相互关联,作为面控制。图 7-3 表示的是根据控制方法进行的分类。

- 信号控制
  - 点控制
    - 固定周期控制
      - 1 段式
      - 多段式
      - 程序多段式
    - 交通感应控制
      - 右转感应
      - 畅通率最大感应
      - 两难推理感应
      - 高速感应
      - 公交车感应
      - 火车感应
      - 简易半感应
      - 行人感应
      - 交通弱者感应
  - 线控制
    - 固定周期控制
      - 1 段式
      - 多段式
      - 程序多段式
    - 交通感应控制　路线自动感应系统控制
  - 面控制　集中控制

图 7-3　根据控制方法分类

2. 信号灯的位置与安装

根据道路的视距、宽度和车辆种类等设置一个信号灯不够时,硬根据需要增设信号灯的数量。因为从交叉交通不能看到信号灯,或者为了防止太阳光线刺眼,看不清信号灯,希望设置防护罩或遮光板等。

7.3　停车设施

为确保交通的安全和通畅以及方便大众,必要时应按照国土交通省法的规定修建机动车停车场、自行车停车场、公共汽车停车场、紧急停车场以及其他类似的设施。

在道路中,相对于道路利用者的各种要求,根据道路的特征,需要时应设置各种服务设施。这里所说的机动车停车场、自行车停车场是根据道路法定义的道路附属物。即作为道路附属物与道路相连而设计的机动车停车场、自行车停车场。

公交车乘降停靠设施是为公交车利用者安全乘降而设置的设施，有设置与车道分离的公交车停靠车道和利用道路外侧车道进行公交车停靠两种情况。为了区别，前者称为乘降公交车停靠站（公交车停靠带），后者称为公交车停留站。在公交车停靠站除了有公交车停靠车道外，还要设置变速车道、外侧分离带和乘降场地等设施。

紧急停车带是在左侧路肩狭小的道路中，当车辆发生故障临时停车等时，在不妨碍交通的前提下，在适当的间隔设置能临时停车的设施。

休息设施分为在出入受限制的道路存车区和服务区以及在一般道路中的机动车停靠区。存车区是能对机动车进行短时间检查、维修和使驾驶员消除疲劳的设施；服务区是能为人和机动车提供所需要的服务设施。机动车停靠区是能为一般道路利用者提供舒适休息的设施。

防滑链装卸场地是为了在积雪寒冷地区保证冬季道路交通，防止由于路面积雪和结冰车辆打滑，安装和卸除防滑链作业提供的场地。作为除雪基地的一部分有时也设置防滑链装卸场地。

7.3.1 机动车停车场

机动车停车场的停车区域和停车道路的尺寸与配置应根据设计车辆能自由进出停车来确定。

机动车停车场从功能上可以分停车区和车道。停车区是停车和乘客上下车的场所。停车区最小的单位为停放车位。车道是与匝道等相连，引导车辆行驶到车位，提供转弯与倒车的空间。确定这个部分几何构造的主要因素为设计车辆和停车方式。下面以标准设计车辆为论述对象，在实际设计机动车停车场时，可以参考《停车场设计与施工指南》（日本道路协会）。

对于连接停车场的连接道路等，要根据停车场的服务道路等级和地区可以设计成立交和提供休息设施的匝道或者可以设计成平面交叉。

1. 设计车辆

确定设计车辆时应考虑以下3点：

（1）设计车辆取停车场停车最多时，所占比例最多的车辆类型；

（2）不要任意浪费停车空间，积极整理停车场，一般不用过大的车辆作为停放的设计车辆；

（3）在设计车辆中不考虑将来车辆的变化。这是因为与车道等一起变更比较容易。

2. 停车位

确定车位时，必须考虑车辆之间的空隙和乘客上下车打开车门的尺寸。两车辆之间的空隙根据驾驶员的驾驶技术、车体大小不同所需要的尺寸也不同。一般保证其距离为30cm，打开车门的尺寸约为50～80cm。打开车门不能碰到其他车辆并且能简单的拿放东西所需的宽度约为80cm，当有小型乘用车等混杂情况下取50cm。为了有效利用停车空间，宜设置小一点的车位（见图7-4）。

3. 停车方式

停车方式有前进停车和后退停车。前进停车是停车时车辆前行停车，出车时一般是

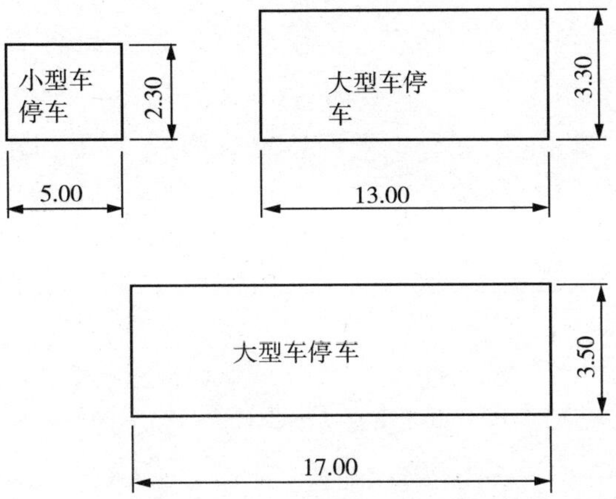

注：大型指的是Ⅲ1-6规定的普通汽车，特殊大型车指的是单轴挂车。

图 7 - 4　停车车位的标准尺寸

以倒车的形式。因此，该种停车方式停车比较容易，出车时所花的时间多。如果行车道的通视条件不好的话会有危险（图 7 - 5a）；倒车方式停车，停车时车辆临时停下，边打方向盘边后退进入停车位，车头面向车道停车。出车时向前行驶就可以了，因此停车时需要花的时间较多，出车时比较容易。车道的宽度比前进方式停车要小。在日本，人们习惯了倒车方式停车，从安全的角度看是非常好的（图 7 - 5b）。

大型车辆停车或者发车避免倒车，宜采用前进方式停车和前进方式出车的形式。在用地受到限制不得已时也可以考虑倒车式停车。

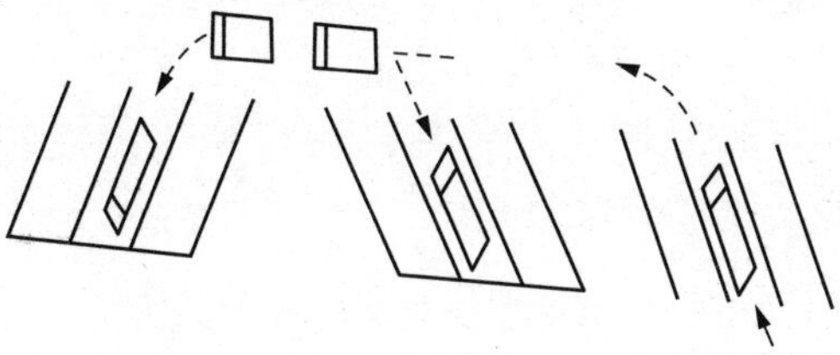

（a）前进停车　（b）后退停车　（c）前进停车，前进发

图 7 - 5　停车方式

4. 车位的设置

车位的设置方式有平行式停车位和角度式停车位。平行式停车位是与车道的延长方向平行，在车道两侧或一侧设置停车位。角度式停车位是与车道的延长方向成一定的角度设置并排的车位。不论哪种情况车道的宽度必须根据停车的方式、配置车位的情况设置车位所需宽度。

（1）平行式

对于车道的延长方向有设计车辆一半的长度，就能进行倒车方式停车。这种形式的停车场延长线非常长。停靠小型机动车时可以有效利用车辆的差别。因此，为了灵活运用停车场，可以不画车位线。

(2)角度式

该种形式停车分为斜角与直角停车。分别有前进方式和倒车方式停车。斜角停车有30°、45°和60°或以任意角度停车。角度停车的优点是停车和出车等与其他停放的车辆不发生干扰,治理比较容易,也容易增加同样设置的停车位。停车场整体的形状和各种设施的设置由其相关的需要而确定。各种停车形式在使用上的优缺点如表7-1所述。

表7-1 停车形式的评价

角度和方式	评价
30°(前进式停车)	只能设置前进式停车,车道宽度小,需要在车道延长方向设置停车宽度,1台车位停车所需面积最大。出车时后方的视线窄
45°(前进式停车) (倒车式停车) (交叉式停车)	前进式、倒车式都可以利用,前进式停车比较容易。如果是交叉式停车1台机动车的停车位所需面积最小、在A型如图7-7(c)中,如果对停车不进行治理的话,可能会影响停车场的有效利用
60°(前进式停车) (倒车式停车)	前进式、倒车式都可以利用,最容易操作。需要加宽车道的宽度,1台机动车停车位需要的面积较少
90°	前进式、倒车式都可以利用。但是一般倒车式停车最安全。所需面积也较少。如果考虑乘降的方便,希望把停车位的宽度增加0.25m

5. 机动车停车各要素的标准值

根据停车方法、停车位配置车道宽度、单位停车宽度以及1台机动车停车需要的面积标准见表7-2。根据这个标准按图7-6进行设置。

6. 考虑残疾人等的停车措施

考虑残疾人方便利用,需要设置残疾人方便利用停车场的停车设施。在设置进出口、通道、电梯、倾斜路和台阶、车棚、卫生间等应考虑残疾人的应用。设计时可以参考《道路顺畅通行设备手册》(国土技术研究中心)。

表7-2 停车场各要素标准值

车辆种类	停车角度	停车方式	车道宽 A_W(m) 上段 A_{W1} 下段 A_{W2}	与道路垂直方向停车宽 S_d(m)	车道平行方向停车宽 S_W(m)	单位停车宽 W(m)	1台机动车停车所需面积 A(m^2)	在图7-6中对应的记号
小型	30°	前进式	4.00	4.50	4.50	6.50	29.3	(a)
	45°	前进式	4.00	5.20	3.30	7.20	23.8	(b)
	45°交叉	前进式	4.00	4.40	3.30	6.40	21.1	(c),(d)
	60°	前进式	5.00	5.50	2.70	8.00	21.6	(e)
	60°	倒车式	4.50	5.50	2.70	7.75	20.9	(f)
	90°	前进式	9.50	5.00	2.30	9.75	22.4	(g)
	90°	倒车式	6.00	5.00	2.30	8.00	18.4	(h)

（续表）

车辆种类	停车角度	停车方式	车道宽 A_W(m) 上段 A_{W1} 下段 A_{W2}	与道路垂直方向停车宽 S_d(m)	车道平行方向停车宽 S_W(m)	单位停车宽 W(m)	1 台机动车停车所需面积 A(m^2)	在图 7－6 中对应的记号
大型	＊30°	前进式	4.00	9.40	6.60	19.40	128.0	(i)
		前进式	6.00					
	＊45°	前进式	7.00	11.50	4.70	25.00	117.5	(j)
		前进式	6.50					
	＊60°	前进式	11.00	12.90	3.80	31.40	119.3	(k)
		前进式	7.50					
	＊90°	前进式	19.00	13.00	3.30	43.00	141.9	(l)
		前进式	11.00					
	平行	倒车式	6.00	3.30	19.00	6.30	119.7	(m)
		前进式						
特殊大型	平行	倒车式	6.00	3.50	25.00	6.50	162.5	(n)
		前进式						

注：前进停车和前进发车时：$W=A_{W1}+A_{W2}+S_d$，$A=W\times S_W$；

其他情况时：$W=A_W/2+S_d$，$A=W\times S_W$；

＊表示停车位在车道一侧设置时的数值。

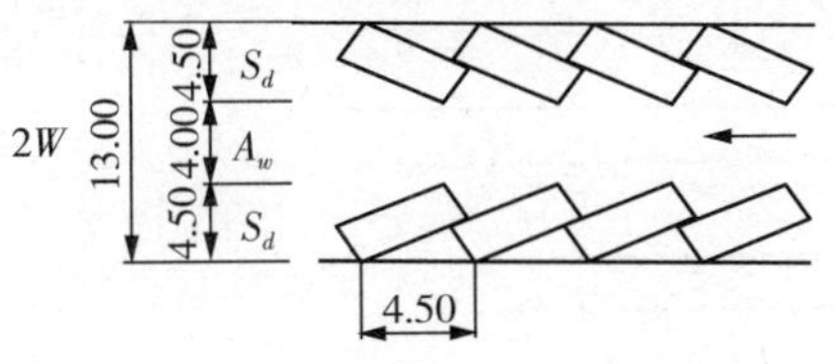

（a）30° 前进停车

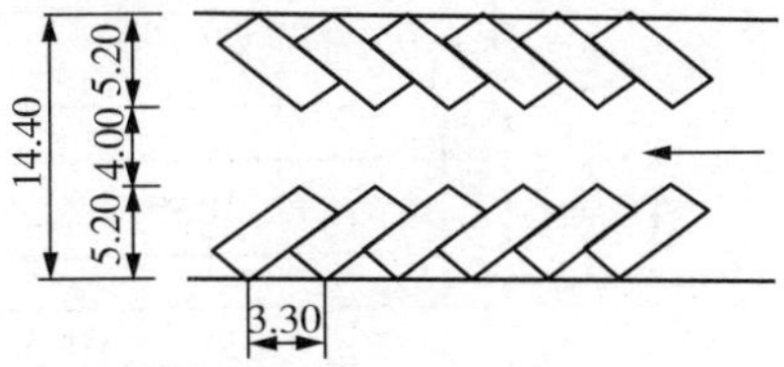

（b）45° 前进停车（小型）

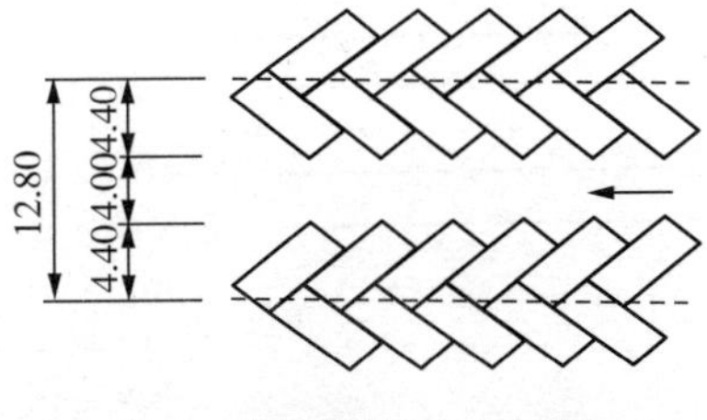

（c）45° 交叉停车A型（小型）

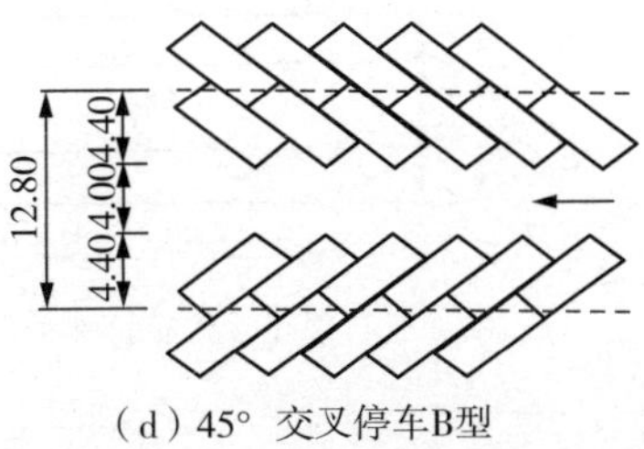

（d）45° 交叉停车B型

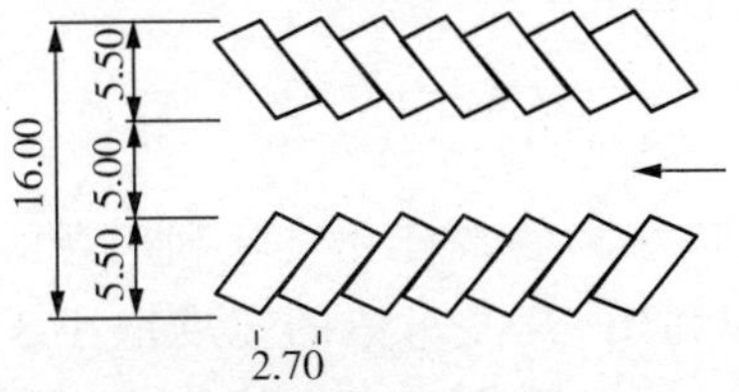

（e）60° 前进停车（小型）

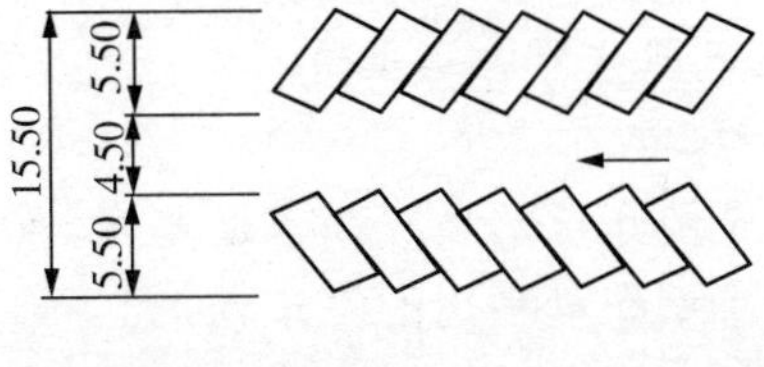

（f）60° 后退停车

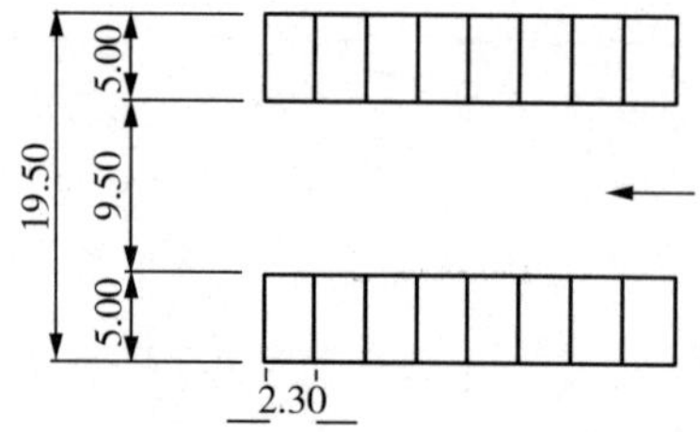

（g）90° 前进停车

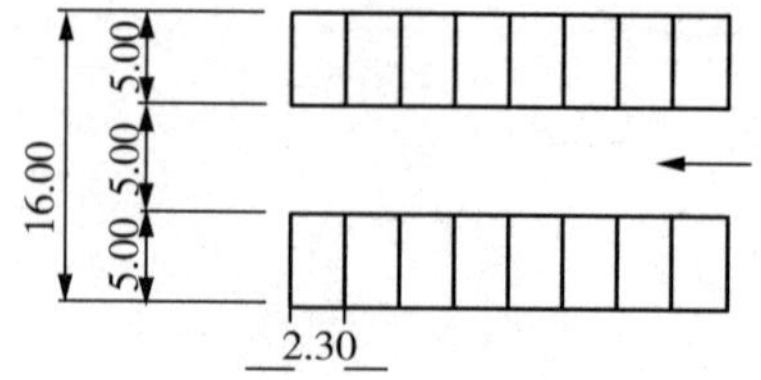

（h）90° 后退停车

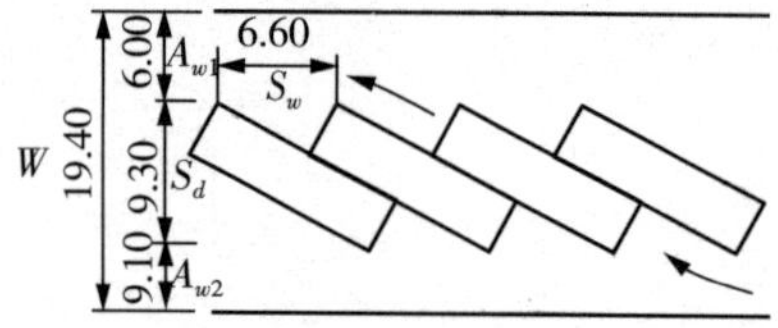

（i）30° 停车（大型）

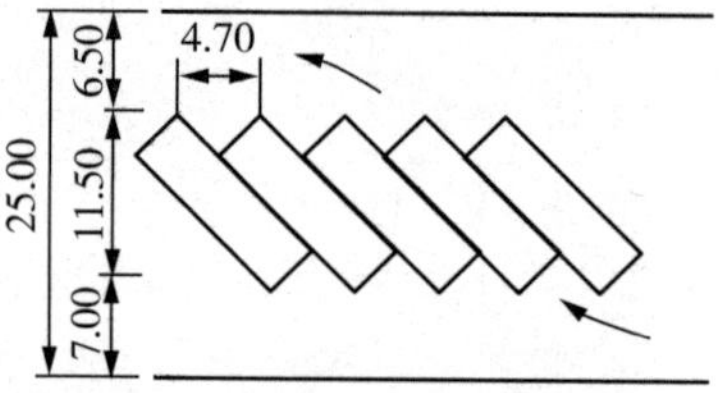

（j）45° 停车（大型）

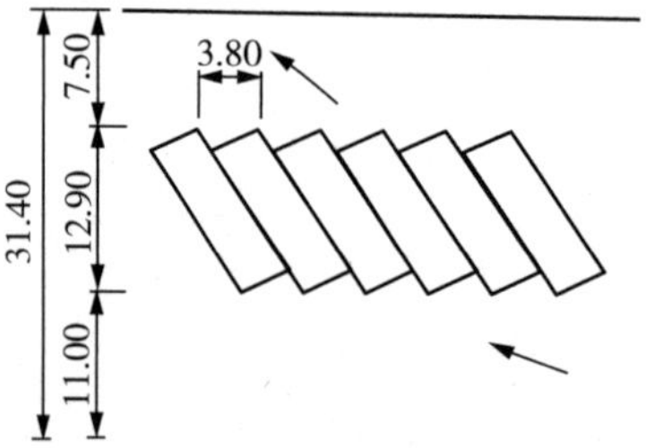

（k）60° 停车（大型）

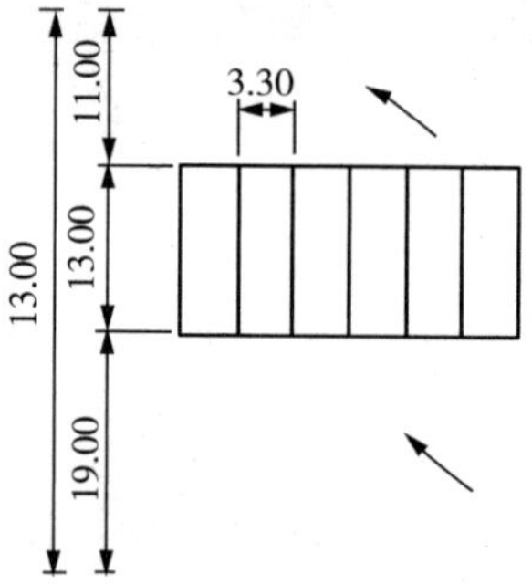

（l）90° 停车（大型）

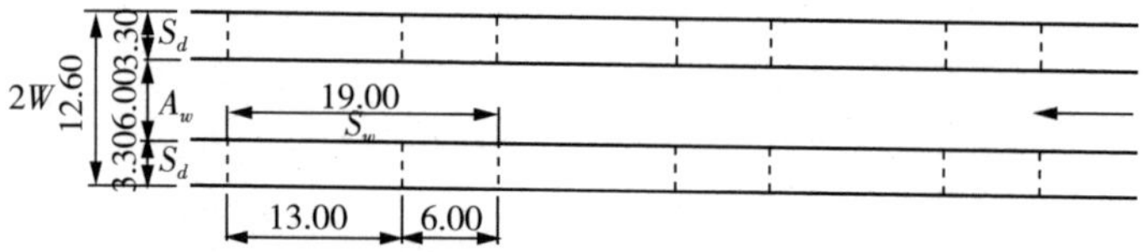

（m）平行停车（大型）

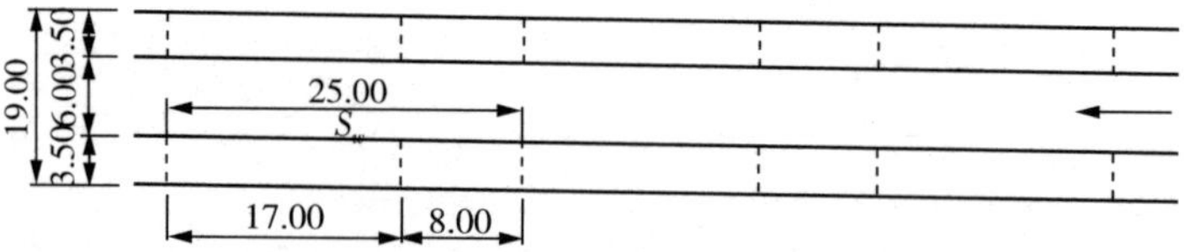

（n）平行停车（大型特殊）

（单位：m）

图 7－6　停车位的设置方式

7. 应用时的注意事项

(1)尺寸

关于停车位的尺寸和车道宽度,重要的是根据停车场的特征和实际利用者的想法而确定。小型车辆利用的停车场,为了有利于治理和利用,其停车位的宽度取小于本节规定的值。公交车乘降量多时,需要为行人留出行走空间。关于车道的宽度也应同样选择合适的设计车辆,尽量避免浪费车道宽度。在实际设计机动车停车场时可以参考《停车场设计和施工指南》(日本道路协会)。

(2)配置

在进行停车位配置规划时,必须考虑停车种类、使用目的、使用者等自然引导驾驶员停车以及根据停车场的特征有效安全的利用停车场,考虑表 7-1 的评价和土地形状等进行设置。特别是人和车混合时,需要考虑人和机动车分开通行和通视等问题。

7.3.2　自行车停车场

自行车停车场的设计考虑自行车的顺畅出入,确定停车区段和通行道路的尺寸和配置。

自行车停车场从功能上分停车区和通行道路。停车区是自行车停放的场所,通行道路与自行车道相连,引导自行车停放到停车区的部分。在自行车停车场,除了有停车区和通行道路外根据需要设置车棚、自行车停放台和向导板凳。

1. 停车区域的大小

自行车的停放形式如图 7-7 所示,停车区自行车摆放方式及每台自行车所要的面积见表 7-3。

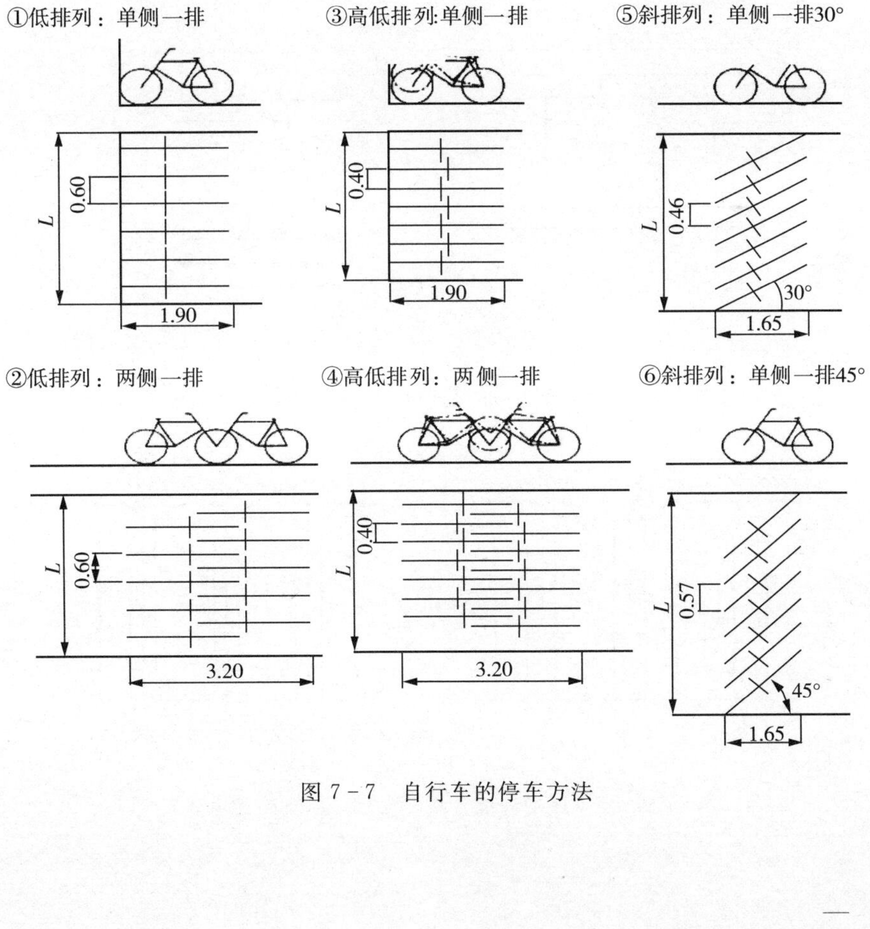

图 7-7　自行车的停车方法

表 7-3 停车区的停车方式和每台自行车所要的面积(m^2)

摆放形式	一侧	两侧
低列	1.14	0.98
高低列 90°	0.78	0.69
斜角度排列 30° 45°	0.80 0.82	

2. 停车区布置方法

自行车停车区的布置方法如图 7-8(主线车道式)和图 7-9(主线车道、支线通道式)所示。

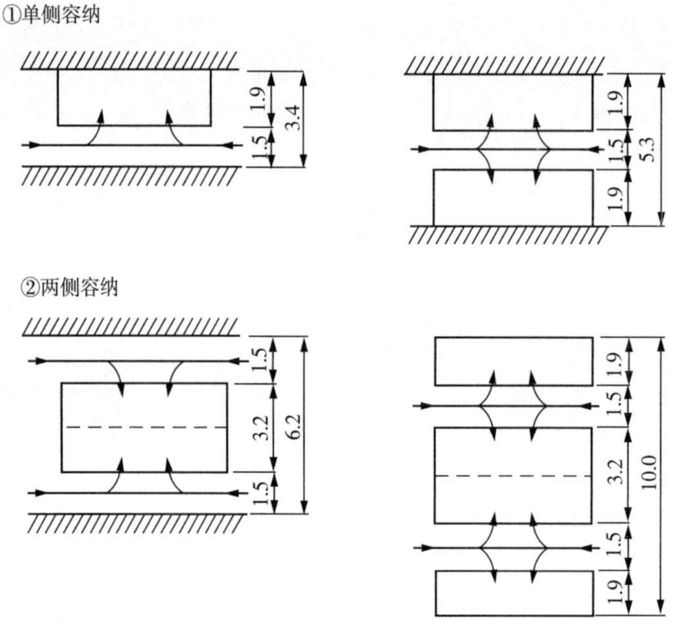

图 7-8 停车区的容纳方法(主线车道式)

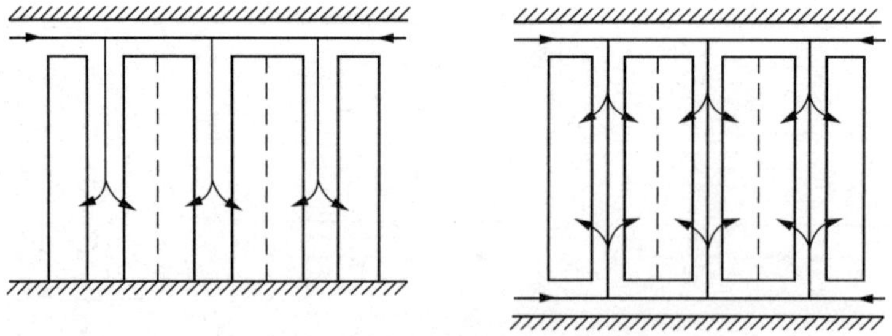

图 7-9 停车区的容纳方法(主线车道,支路通道式)

7.3.3　公共汽车停靠站等设施

在没有连接自行车道、自行车行人混合道和人行道的公共汽车站以及路面电车站，根据需要应修建交通岛。

公共汽车停留设施的尺寸，应根据设计车辆能够停车和启动前进的情况而确定。

1. 公共汽车停留设施的定义

公共汽车停留设施（以下称为公交车停留设施）分为公共汽车停车所（称公交车停靠站）和公共汽车停留所（称公共汽车停留站）。这里的公交车指的是城市间的公交车。

公交车停靠站：为了公交车乘客上下车的方便，从行车道中分离开来设置专用的停靠车道。公共汽车停留站：为了公共汽车乘客上下车的方便，利用行车道最外侧车道作为公共汽车停留站。

2. 公交车停靠站设置标准

第 1 类、第 2 类和第 3 类第 1 级道路中，原则上应该设置公交车停靠站。第 3 类第 2 级和第 4 类第 1 级道路中，特别是有可能发生主线交通流混乱时及在其他道路设置了公交车停留站时，当道路的交通容量不满足设计交通量时，根据需要应设置公交车停靠站。

第 1 类、第 2 类和第 3 类第 1 级道路中，机动车的行驶速度高，公交车停车会引起交通混乱，从而可能发生交通事故，原则上全部从主线分离设置停靠站。即使在第 3 类第 2 级、第 4 类第 1 级道路中，如果假设有可能引起交通混乱时，设置公共汽车停留站，道路的交通容量不满足设计交通量时，应根据需要设置公交车停靠站。

但是，第 3 类第 2 级、第 4 类第 1 级道路，考虑利用道路路肩或者在交通高峰期进行交通管制，使交通能顺利进行，增加交通容量等手段，也可只设置公交车停留站。在平面交叉附近设置公交车停留站时的交叉口容量应考虑道路宽度、停车规定、公交车利用次数、上下车人数、所需时间、公交车停留站的位置（进入交叉口侧还是出交叉口侧）等因素进行计算。根据计算结果，交通容量不满足设计交通量时，根据需要设置公交车停靠站。

3. 公交车停靠站的位置设置

设置公交车停靠站时，该车道的平面线形，原则上应该在直线或标准曲线半径以上的路段，并且纵断坡度不宜太大。

设置公交车停靠站时，如果该车道的线形曲线半径过小、通视不好，公交车有可能不能通过。在纵断面坡度过大的路段，为了保证停靠车道的坡度在 2%（由于地形等原

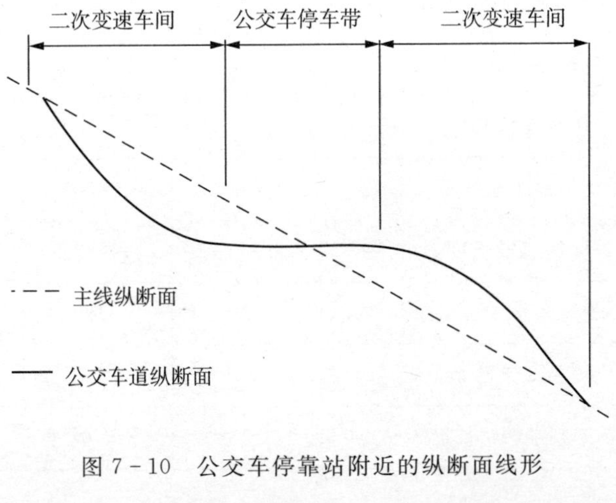

图 7-10　公交车停靠站附近的纵断面线形

因不得已时可取3%)内,在纵断面上可以设置与主线分离(如图7-10所示)的公交车停车道。此时,在分合流突出部分附近的纵断曲线上需要设置足够大的曲线半径和设置大于下节所述的二次变速路段的长度。

4. 第1类、第2类道路设置公交车停靠站的结构

第1类、第2类道路设置公交车停靠站应尽量不影响主线的交通容量和行车速度,保证圆滑安全的交通流,设置与主线完全分离的变速车道,在外侧分离带设置公交车停靠的构造设施。关于公交车停靠站的长度和宽度如下:

(1)公交车停靠站的长度

公交车停靠站由变速车道、二次变速车道和公交车停靠车道组成,各长度以表7-4的值为准。但是,主线交通量较少,利用次数不多的公交车停靠站各长度数值可以缩小到括号内的值,并且变速车道的长度不影响主线交通,在安全进入和流出范围内时可以缩小到表7-4的值。在主线坡度路段内的变速车道调整长度适用于立体交叉加速减速车道的规定。

(2)公交车停靠站的宽度

变速车道的宽度3.5m,公交车停靠站的宽度5.5m,二次变速车道的宽度采用直线内插。确定公交车上下车的标准宽度为3.0m。宜采用交通岛式,外侧分离带的标准宽度为2.0m。但是,当主线交通量少,利用次数不多的公交车停靠站,外侧分离带的宽度为1.0m可用道路标线表示,变速车道和公交车停靠车道的宽度可为3.25m,公交车上下车的宽度可以缩小到2.25m。当采用直接形式,其渐变段起点的变速车道宽度可取标准宽度的一半。

关于变速车道以及二次变速车道的路肩和侧带宽度适用于立体交叉变速车道和匝道路肩以及侧带宽度的规定。

公交车停靠站各部分的名称如图7-11和7-12所示。

表7-4 公交车停靠站的长度(第1类和第2类道路)

该线的设计速度(km/h)	120	100	80	60	50
渐变段长度 l'_1(m)	70	60	50	45	40
减速车道长度 l_1(m)	180	160	140	105	75
二次减速段长度 l_2(m)	50(40)	50(40)	40(30)	30	20
公交车停车道长度 l_3(m)	30(20)	30(20)	20(15)	15	15
二次加速段长度 l_4(m)	40(30)	40(30)	30(25)	25	20
加速车道长度 l_5(m)	220	190	160	115	70
渐变段长度 l'_5(m)	70	60	50	45	40
公交车停靠站长度 l(m)	520	470	390	290	200

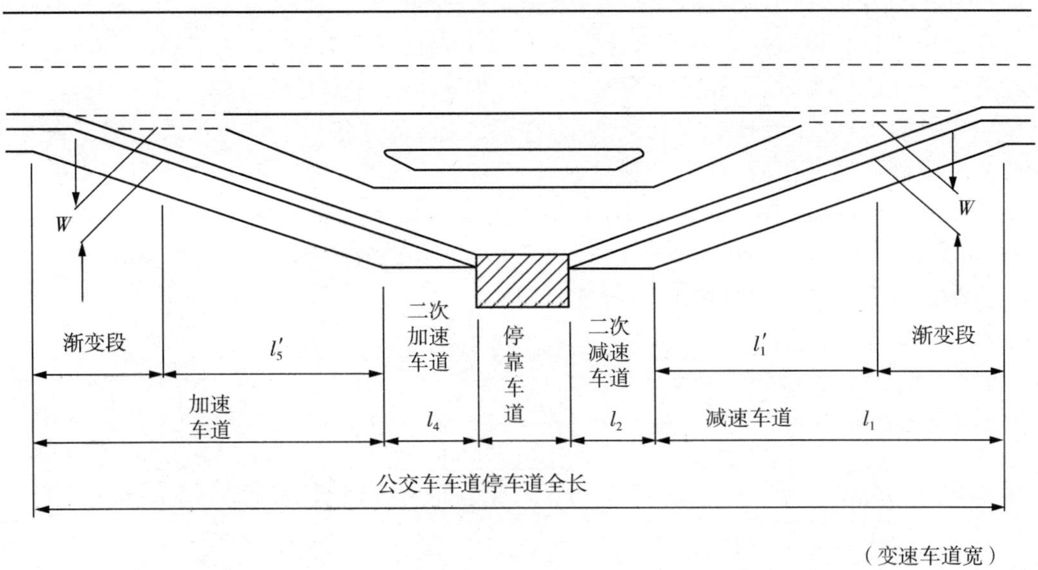

图 7-11　公交车停靠站各部分名称(第 1 类和第 2 类道路:直接式变速车道)

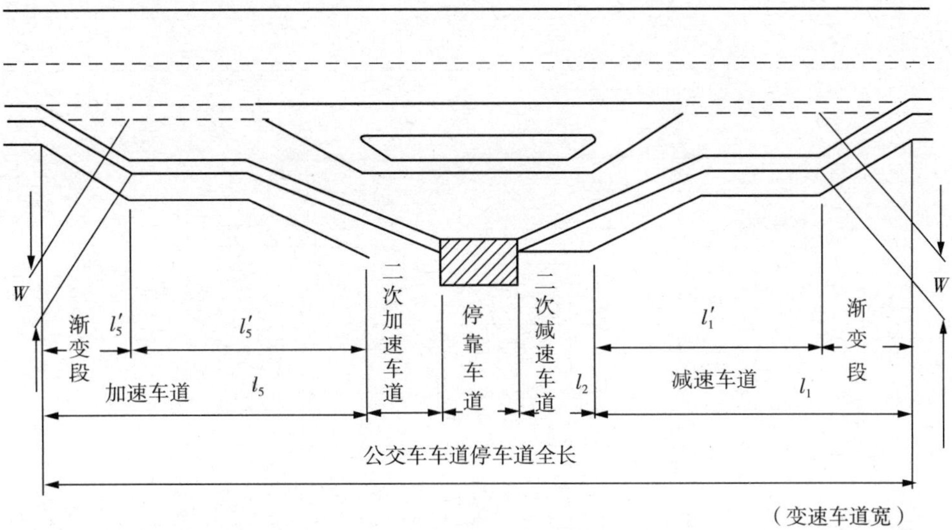

图 7-12　公交车停靠站各部分名称(第 1 类和第 2 类道路:平行式变速车道)

5. 第 3 类、第 4 类道路设置公交车停靠站的构造

对于第 3 类、第 4 类道路设置公交车停靠站时,在第 3 类第 1 级道路中原则上应与主线分离。其他等级的道路,根据公交车停靠站的利用次数,考虑是否设置与主线分离的形式。

(1)公交车停靠站的长度

关于公交车停靠站的长度,参考表 7-5,根据主线交通量、利用次数及道路沿线状况等来确定。并且在交叉口附近设置公交车停靠站时,只要大于交织长度的距离就可以。

(2)公交车停靠站的宽度

变速车道和公交车停靠站的宽度为3.5m，不得已时可以缩小到3.0m。第3类第1级道路中设计速度高时，原则上设置分离带，这时停靠站车道的宽度宜大于5.5m。在公交车停靠站附近，为了方便乘客的上下车，要保证足够的空间，不能与行人交错。人行道和公交车乘降场地共用时，要保证提供通行用的人行道的有效宽度和停留用的宽度。停留用的宽度，行人的占有宽度为0.75m，根据需要可以考虑轮椅的占有宽度1.00m。但是，当行人和上下车的人较少，不得已的情况下共用场地宽度可以缩小到2.0m。

公交车停靠站各个部分的名称见图7-13。

表7-5　公交车停靠站的长度(第1类和第2类道路)

该线的设计速度(km/h)	第3类道路				第4类道路		
	80	60	50	40	60	50	40
减速车道长度 l_1(m)	35(95)	25	20	20	20	15	12
公交车停车道长度 l_2(m)	15	15	15	15	15	15	15
加速车道长度 l_3(m)	40(140)	30	25	25	25	20	13
公交车停靠站长度 l(m)	90(250)	70	60	60	60	50	40
交织的长度(m)	80	50	40	30	50	40	30

注：()内表示部分出入限制时的数值。

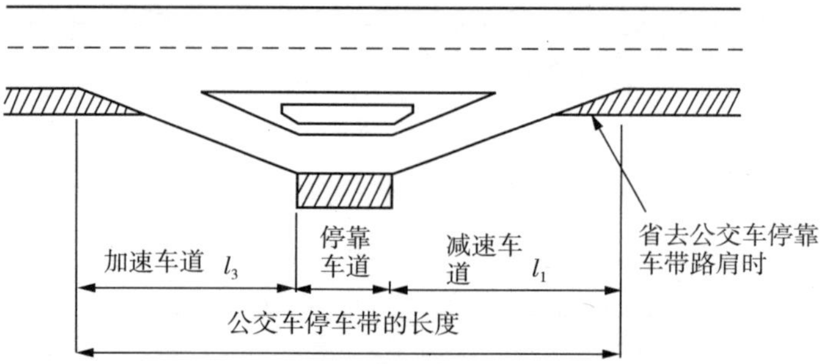

图7-13　公交车停靠站各部分名称(第3类、第4类道路)

6. 公共汽车停留站的构造

第3类、第4类道路，为了乘客上下车的方便，不扰乱主线交通流，利用主线的外车道设置公共汽车停留站。公共汽车停留站的构造应该根据交通状况、道路横断面构成、道路状况等综合判断来确定。以公共汽车不离开停留站而恰好停在停留站(称为恰到好处)的方式设置停留站。下面所示的是标准停留站构造。

(1)港湾式停留站

港湾式停留站是伸进人行道设置公共汽车停留站的构造，在公共汽车停车时，后面的车可以顺利通行。但是，由于伸进人行道的形状和周边路上的停车状况，恰好把车停在停留站是比较困难的。宜采用容易驶进应该停留位置的停留站构造(如图7-14所示)。

图 7-14　港湾式停留站

(2)突出式停留站

突出式停留站是伸到行车道(路肩、停车带以及车道)的停留站构造。不减少人行道的有效宽度,即使在路面上有停留车辆也可以恰好把车停在停留站。但是,在没有宽阔的路肩和停车带的道路上,使用该方式是比较困难的。并且,即使在适用的场所(特别是夜间),也需要考虑设置安全措施(如图 7-15 所示)。

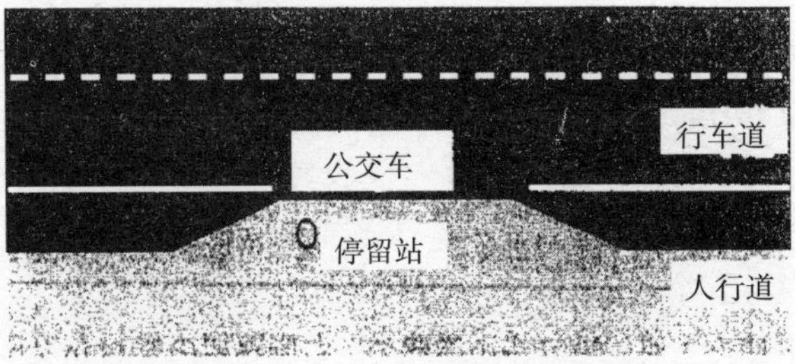

图 7-15　突出式停留站

(3)直进式停留站

直进式停留站是不改变人行道的宽度,在人行道内设置的停留站。这种停留站是在道路全宽不富裕,不可能伸进人行道设置停留站时,而采用的一种构造形式。但是,如果有停留的车辆时,会对后面要停靠的车有影响,使公共汽车恰好把车停到指定位置比较困难。

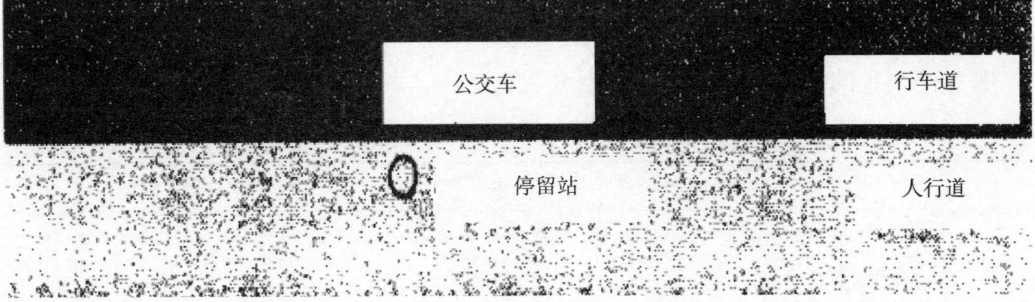

图 7-16　直进式停留站

另外，公交车在道路中央行驶时，可以在道路中央交通岛上设置停留站。采用港湾式停留站时，伸入人行道的长度不足时，为了容易让公交车恰好停在停留站，减少公交车和人行道的距离，需要开发出新型的港湾式停留站。

关于公交车停留站的设置，需要充分注意公交车使用者的安全和主线的交通流量。

7. 公交车停留设置的附属设施

在公交车停留设施中希望设置板凳和公交站亭。根据道路构造法令规定为了行人的逗留、不妨碍行人或自行车的安全和顺畅的通行，根据需要，可以设置供行人逗留的空间。因此设置板凳和公交站亭时，需要把该部分建设道路宽度加到人行道的有效宽度中。同时为了给老人或身体残疾的人群提供顺畅通行的设施，应根据需要，设置盲人用道路构造、照明设施及声音等运行信息设施等。

关于公交车停留站的设置可以参考《顺畅通行的道路设备手册》(国土技术研究中心)。

7.3.4 紧急停车带

第1类第1级和第2级道路中，左侧路肩的宽度不足2.5m的较长路段，应设置紧急停车带；第1类第3级和第4级道路、第2类、第3类第1级道路中，左侧路肩不足2.5m的较长路段，除计划交通量较少的情况以外，应设置紧急停车带；第3类第2级、第3级和第4级道路，交通量多并需要时，应设置紧急停车带；紧急停车道的设置和尺寸，应根据道路的标准和划分进行适当的确定。

1. 紧急停车带的概述

由于道路左侧路肩狭窄，在路上如果有故障车停在道路上，会影响主线交通流的运行而引起交通混乱，诱发交通事故。

特别是第1类、第2类道路，因为设计车速高、交通量大等原因，宜在道路全线设置足够停车的路肩。在路肩宽度不足2.5m的较长路段上应设置紧急停车带；为了节约施工费用，桥梁和隧道缩窄了路肩宽度，在适当的间隔下应设置紧急停车带，让故障车辆尽快避开主线。

第3类第1级、第2级道路中应该以此为基准，第3类第3级、第4级道路在规划交通量较大时应该设置紧急停车带。在紧急停车带中应考虑设置紧急电话。

2. 紧急停车带的配置

紧急停车带的配置应根据道路的划分，按表7-6的标准配置。

表7-6　紧急停车带的设置间隔

道路的划分		设置间隔(m)
第1类道路	第1、2、3、4级	500
第2类道路	第1、2级	300
第3类道路	第1级	500
	第2、3、4级	500

初始速度为 V_0(km/h)的车辆，停止时的滑行行驶距离 S(m)按照如下公式计算：

$$S=\frac{V_0^{\ 2}}{2\times 3.6^2\times g(i+f)}$$

这里 g 为重力加速度(m/s^2)，i 为坡度；f 为摩擦系数($f\approx 0.023\sim 0.028$)。

从实际测量的结果中显示大型机动车比公交车的抵抗摩擦力大，大型机动车滑行行驶距离约为公交车的 7 成。大型车辆的初始速度也低，不宜考虑滑行行驶的距离。为此考虑滑行距离为 200～300m 是比较妥当的。但是，在高速国道的情况下，在桥梁路段紧急停车带的间隔是 500m，比该值短时，与在路肩上停车相比没什么差别；如果超过 500m，在路肩上停车的概率有增长的趋势，从维护管理角度降低了作业效率，为此在第 1 类道路的紧急停车带的设置间隔为 500m。

根据以上试验结果，以调查数据作为设置间隔的标准：第 1 类道路为 500m，第 2 类道路为 300m，第 3 类道路为 500m。受到大桥和隧道等构造制约以及道路沿线环境的影响不得已时，也必须考虑设置间隔应在 500 到 1500m 之间。

在设置紧急停车带时，停车频率高的地方，考虑回到主线时的通视和加速合流时对主线交通流的影响，有需要考虑曲线路段、纵向坡度、立体交叉以及出入口等分合流部分的设置情况。在第 1 类道路停车频率高的地方作为紧急停车带而被利用路段的有：

(1)桥梁和隧道前后的路基；

(2)平曲线半径小于 1000m 的曲线路段；

(3)纵向坡度大于 4%的上坡。

3. 紧急停车带的尺寸

(1)紧急停车带的长度以及渐变段的长度

根据道路划分，如图 7-17 所示紧急停车带的有效长度及渐变段的标准长度的取值见表 7-7。

表 7-7　紧急停车带的长度以及渐变段的长度

道路的划分		渐变段长度(m)	有效长度(m)
第 1 类道路	第 1、2、3、4 级	20	20
第 2 类道路	第 1、2 级	20	20
第 3 类道路	第 1 级	20	20
	第 2、3、4 级	10	15

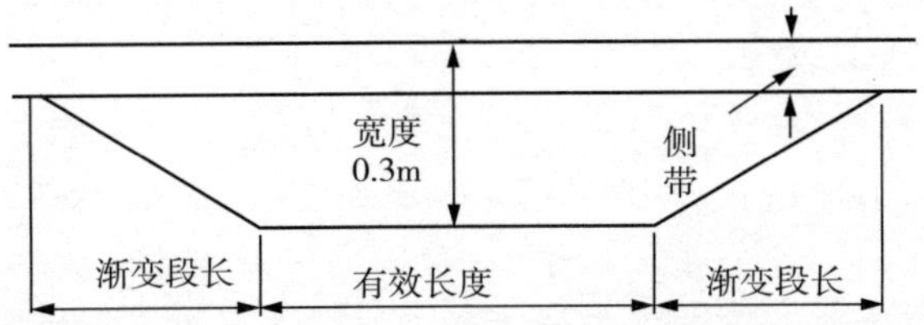

图 7-17　紧急停车带的平面图

根据道路中央车道行驶的车辆试验测试结果可知，当机动车以 60km/h 的速度进入紧急停车带，平行主线渐变段的长度约为 20m。如果进入速度较慢时，可以在进入紧急停车带时进行急转弯，此时渐变段的长度为 20m 也足够。在第 3 类第 2 级的道路中，因为设计速度低，渐变段的长度为 10m 左右。在桥梁和隧道中可以缩短到 5m。

关于有效停车带的长度，可以考虑能停一辆机动车的长度。设计车辆的长度见表 7-8。

表 7-8 设计车辆的长度(m)

车辆的种类	小型机动车	小型机动车等	普通机动车	小型挂车
全长	4.7	6.0	12.0	16.5

在道路构造法令中规定的车辆最大长度为 12m，连接挂车最大长度为普通挂车 18m，小型挂车为 16.5m。由此可知，即使是最长的车辆进入紧急停车带的长度为 20m 也足够了，第 3 类第 2 级以下的道路取 15m。

由于桥梁长度会比紧急停车带所要的长度大，这时根据所要的形状尺寸，用标线标记出外轮廓线。

(2)宽度

紧急停车带的宽度为 3.0m，有侧带时，包含侧带的宽度。

考虑不让停留的车辆行驶到行车道上，以及停车对行驶车辆不产生影响，需要设置足够的宽度。对于前者，最大宽度的大型车辆可以取 2.5m。后者在紧急停车带没有停下来的车辆对行车道不产生影响的宽度在 Highway Capacity Manual 中取 6ft(≈1.8m)。在紧急停车带上停车时，根据名神高速道路的调查结果显示，在紧急停车带停车的位置，从外侧车道边缘 1.5m 以上进入路肩时，对行车道上行驶车辆的轨迹和速度不会造成影响。并且在行车道上行驶的大型车辆，由于停车车辆不能进入超车车道，因此停车车辆的位置需要从外侧车道边缘 0.75m 左右进入路肩。

7.3.5 休息设施

进出受限制的道路，根据需要设置休息设施(停车区或服务区)。一般道路中的休息设施可以设置道路驿站。

1. 出入受限的道路设置休息设施

在出入受限的道路上，为了旅行人员的安全舒适，在适当的间隔需要设置休息设施。这个休息设施要满足驾驶员的生理要求，缓解连续高度驾驶车辆的疲劳，以及需要满足对车辆的检查加水加油等要求。

驾驶员即使相当疲劳，如果不从立体交叉上出去的话就不能靠近停车场停车，在出入受到限制的道路上，为了防止疲劳驾驶发生交通事故，需要在适当的间隔设置可以直接进入的休息设施。为此，在第 2 类道路中，根据需要设置停车区或服务区。

在第 2 类道路中，虽然在高速行驶的道路上进行出入限制，但是，一般该段道路的长度较短，需要休息的要求较少，并且在城市近郊休息、用餐、车辆检查的设施都比较近，因此，在第 2 类道路中不需要设置休息设施。并且在用地紧张的情况下，设置大规模的休息设施又是不可能实现的。

但是，在城市高速道路网中，从该条道路的特点角度看，应设置设施休息，可能的情况下设置小一点规模的休息设施比较妥当。因此在第 2 类道路中根据需要可以设置停车区。

在其他的道路中，在道路的两侧设置了各种民间设施，原则上不需要考虑设置停车区。在出入不完全限制的远距离交通多的第 3 类第 1 级道路中，山岭道路的距离较长、在沿线能够利用的休息设施较少时，根据需要可以设置停车区。

这里所说的停车区、服务区的定义如下：

停车区：短时间内可以进行车辆检查、维修，建设恢复驾驶员疲劳而设置的设施。为了安全进出停车区要设置变速车道，原则上在停车区设置停车场、绿地和卫生间等休息设施。

服务区：能为人和机动车提供所需要的服务，除了包括停车区的设施外，还包括机动车修理厂、加油站、食堂等休息设施。

2. 道路驿站（日本道路中特有的）

道路驿站为道路利用者提供舒适的休息环境、道路信息、观光医疗信息等信息。这些设施提供 24 小时免费停车场和清洁的卫生间。连接这些设施的人行道需设置无障碍设施，同时需要设置该道路以及周边地区向导信息服务设施（如图 7－18 所示）。关于注册《道路驿站》可以参考《注册道路驿站纲要》（1993 年 2 月 23 日，2002 年 3 月 29 日道路局长通告）。

图 7－18　道路驿站

7.3.6　紧急避难场所

在连续陡峭的纵向坡度较大的道路上，让发生故障的车辆紧急避开道路主线，根据需要设置紧急避难场所。

为了避免行驶中刹车失灵的机动车驶出道路以外发生撞击事故，为了让发生故障的车和人的损伤降到最低，在山区道路连续陡坡的地方根据需要设置紧急避难场所。紧急避难场所的例子如图 7－19 所示。

一般驶进紧急避难场所的车辆行驶速度较高。为了让避难车辆容易驶进紧急避难场所，应设置渐变段路段及加宽进入避难所路段的宽度。纵向坡度取 10%～20%左右，进入部分设计成较缓和的纵向坡度，停车位置可以设计成陡的纵向坡度。为了吸收进入车辆的冲击能量，降低其速度，铺设 1m 左右厚的砂，表面做成凸凹不平的路面。

沙砾长时间放置时可能会固结，因此，需要在其下面铺 30cm 厚的砾石，注意排水。

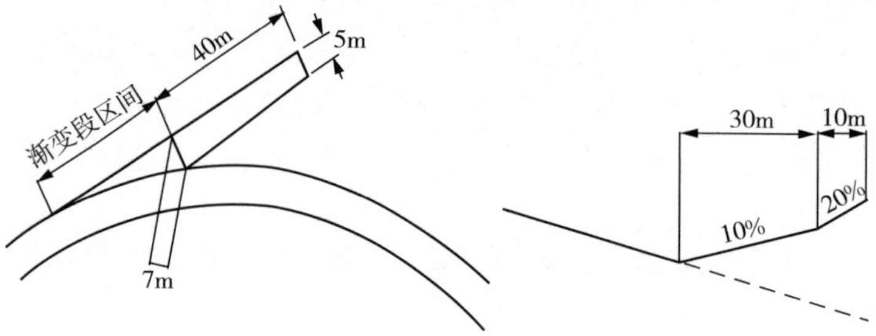

（a）平面图　（b）纵断图

图 7－19　紧急避难场所的例子

7.3.7　防滑链装卸场地

由于路上积雪或路面结冰，为了通行车辆的安全需要设置防滑链装卸的地方时，根据需要设置防滑链的装卸场地。

在积雪严寒地区，为了保证冬季交通的安全和顺畅，需要在通行的车辆上安装防滑链。例如，在积雪状况急剧变化的山区和平原交汇的路段，为了通行车辆方便安全的装卸防滑链而不妨碍其他车辆的通行，根据需要设置防滑链的装卸场地。

防滑链的装卸场地的位置设置以及规模设置，要综合考虑降雪量、天气情况、交通量、通行车辆的组成等因素来确定。设置位置，要让利用者容易看到，要在指示板上明示，不能妨碍车辆的进出。并且根据需要在积雪严寒地区设置道路信息提供设施、照明设施、融雪设施以及阻雪栏杆等以方便防滑链的装卸。

7.4　防雪、除雪融雪设施

在因雪崩、飞雪和积雪等可能对交通造成阻碍的地段，应按照国土交通省法的规定设立防雪罩、冲雪沟、融雪设施以及其他类似设施。

规定的设施如下：

(1)防止飞雪积雪的设施；

(2)防止雪崩的设施。

冰雪阻碍交通的现象根据地区、天气、时间等出现的情况是非常复杂的。为了把握有害和阻碍交通的实际状况，需要对降雪期间，雪崩、冻结等现象进行长期的调查，特别是为了防雪制定大规模的设施时，需要慎重考虑。为此，应根据实际情况变化、调查进度、现场经验判断，进行防止雪崩等设施的延长和加固。

7.4.1　防雪设施

根据地形、天气状况，在道路可能发生飞雪和积雪的地方，根据道路的线形，横断等道路构造，设置阻雪栏杆、防雪栏、防雪林等防止飞雪积雪的设施（包括解决阻碍视线的对策设施）。

根据地形、天气状况，在道路可能发生雪崩的地方，预防雪崩的发生而设置防护桩、防护栏或者防雪栏等设施。

防雪设施是对飞雪积雪以及引起的视觉障碍、雪崩、路面冻结及堆雪等进行防范的设施。在飞雪积雪中采用防范飞雪积雪的设施，对于雪崩采用防范雪崩的设施。

1. 防止飞雪积雪的设施

气温低、风力强时容易使雪飞扬形成暴风雪。由于风的搬运在风速下降的地方或形成涡流的地方就会形成飞雪堆积。实际上，在道路上形成的飞雪堆积，几乎每年都在同一个地方。飞雪积雪形成的时间较短，通常到达一定大小后就不再发展。由于形成较快，给除雪带来了困难。如果积雪的厚度在几厘米左右，还可以使交通通行，如果达到几十厘米甚至到达 1 米左右，将会阻碍交通。防止积雪的设施可以做成阻雪栏杆、防雪栏及防雪林。但是，在冬季风向不定的地方，设置飞雪积雪设施有可能会招来反作用，因此需要特别注意。

2. 防止雪崩的设施

斜面上的积雪层由于失去力的平衡，引起激烈的运动形成雪崩。雪崩从大的方面可分为倾斜表面滑动的表层雪崩和整体雪层滑动的全层雪崩。表层雪崩在降雪时期（2 月份时），由雪檐、树枝和裸岩上，落下来的小块雪引起的较多。全层雪崩在融雪时期（3、4 月份），雪层和地面的连接部分由于雪融化引起的较多。

目前为止，调查发现，容易发生雪崩的地方倾斜面多在 30°～40°。在这些容易形成雪檐的地方有：裸地、草地、温度变化多的地方（日光直射的地方），再有上坡度变化多（向上凸起的地方）发生表层雪崩的概率增大。

防止雪崩的设施包括：防止雪崩发生的预防设施和发生雪崩后防止发生阻碍交通的防护设施两种。关于防雪设施可以参考《道路防雪便览》（日本道路协会）、《新编防雪工程手册》（日本建设机械化协会）和《村落雪崩对策施工技术指南》（雪中心会社）。

7.4.2　除雪融雪设施

在适合利用流水排雪的地方，设置冲雪沟；为了防止路面积雪和路面冻结，在必要的地方设置洒水、电热等融雪设施。

除雪融雪的方法有机械除雪和设施除雪融雪两类，设施除雪融雪的效果非常好，但是这些设施受到设置地方的限制。在设置时，需要调查天气条件，考虑设施设置的必要性。并且，人行道和立体横断设施中，在由于积雪和冻结有可能妨碍老人及残疾人安全和顺畅通行的地方，根据需要设置冲雪沟、融雪设施等。

1. 冲雪沟

冲雪沟是在保证在道路侧面堆积积雪比较困难、在附近没有地方堆积雪时，同时用机械除雪又不能充分处理积雪的地方设置冲雪沟。在规划冲雪沟时，要注意以下几点：

(1)降雪量和雪的质量要进行充分讨论，在此基础上，选定雪块容易下流，不会发生浸水的断面形状和流水量；

(2)关于取水，应容易得到水源，管理又不麻烦；

(3)关于流雪后的处理，要使排出的雪块不能停留在某处。

2. 洒水融雪

一般从埋置在路面以下的给水管向路面喷水，利用水温和水的流速，除去降下来的雪，清除路面积雪的设施，又可以把该设施称为融雪管。这里利用的水主要是地下水，也有用河水和温泉水，在可利用的地下水丰富的地方是非常有效的。采用该设施时注意以下几点：

● 冬季期间气温非常低的地方，或者寒风吹过的地方是路面冻结和发生雾的主要原因；

● 融雪用水和融雪水的排水要充分考虑流后的处理。排水不良时，会使房屋浸水及路面破损。

3. 电热融雪

在道路路面的铺装中埋设电阻丝，通过通电加热，加热路面温度，防止路面结冰和融雪的设施。电热融雪的缺点是设备费用和管理费用过高。但是，可以远程控制自动加热和不加热，对交通不会造成阻碍，因此在特定的地方使用，能起到很好的效果。例如在隧道进出口附近、桥梁、人行道纵向和横向坡度大的地方。

用电热融雪应该特别注意，要根据天气等环境条件很顺利的调节通电量和通电时间。因此，关键的是要能感知天气条件和路面温度信息，实时管理和处理电热融雪设施。

4. 温水融雪

在路面铺装中埋设管道，通上温水，温水的热量传到路面防止路面冻结和融雪。这里利用的温水有加热的温水、温泉水和温暖的排水，也可以利用地下水。

关于除雪融雪的设施可以参考《道路防雪便览》(日本道路协会)。

7.4.3 除雪基地

积雪可能影响道路交通的地方，为了顺利地快速进行除雪作业，根据需要设置除雪基地。

由于地形、天气条件以及时间等降雪或路面冻结的情况变化较快，而正确把握和预测是比较困难的，因而，在积雪寒冷的地方为了保证冬季交通，必须进行顺畅快速的除雪作业。通常除雪作业中把要除雪的道路分成几个作业单位进行除雪。根据作业单位需要设置除雪基地。除雪基地，宜设置在短时间就能到达，除雪车出入容易，对通行车辆影响少的地方。

除雪基地的规模和设施，应根据除雪目标、除雪道路的长度、交通量、配置的除雪机械、台数和人员而定。

7.5　落石等防护设施

除前面规定的情况之外，还应在有落石、倒塌、波浪等可能对交通造成阻碍，或者对道路结构造成损坏的地方修建栅栏、防护墙或其他适当的防护设施。

7.5.1　防落石设施

假定有发生落石和土砂崩塌的地方，应根据斜面的状况、土的性质，设置加固、喷锚等防止落石的防御工程和设置落石防止网、落石防止栏、落石砌筑等落石防护工程。可能发生崩塌的挖方和填方的斜面，根据地形、地质和天气条件设置植物护坡、混凝土及石砌等斜面防护工程。

1. 防止落石的设施

落石防止设施是为了防止由于落石给道路利用者以及道路设施等带来伤害的设施，从大的方面分为除去可能发生落石等斜面内的孤石等、加固斜面防止落石的预防工程和防止从斜面上发生落石的防护工程。落石发生的原因是多方面的，大多数发生落石的情况是由于几个原因互相作用而成的。因为发生的形态也是比较复杂的，会有单独发生落石情况或伴随土砂等崩塌情况，所以发生的位置和规模难以预测。在规划落石防止设施时，要根据经验充分考虑现场状况和落石防止设施的构造功能界限进行防护工程种类的选定和配置。

在设施规划时，和采用单独某种防护工程相比，更多的是采用几种防护工程的组合形式：

(1)落石预防工程

① 根部固定工程

根部固定是为了不让斜面上的孤石发生转动和滑动，在孤石的底部和周围用加固的施工方法固定。

② 喷锚工程

喷锚工程是在斜面上喷洒水泥砂浆或混凝土预防落石发生的施工方法。对风化、裂缝容易扩展的岩石效果良好。对表面覆盖、表面排水防止风化和防止落石等也有良好的效果。

③ 大规模的锚固工程

大规模的锚固工程是让大规模浮石及转动的岩石不发生转动，在基础部分，进行加固的施工方法。为了保证锚杆有足够的抵抗力，加固基础是非常重要的。为了让抵抗力分布到落石全体上，往往要配合外挂钢丝网。

④ 其他

在落石预防工程中还有张拉工程、木笼防护工程、编制栏杆工程、挖土工程以及除去孤石工程等。

(2)落石防护工程

① 落石防护网

落石防护网是在斜面上覆盖钢丝网，防止落石发生的防护工程，适用于易发生小规模落石的斜面，或易从基础岩石脱离、掉落石头的斜面。

② 落石防护栏

在易发生落石的斜面中部或下部设置防止落石的型钢和钢筋网等构造物。根据斜面倾斜的程度设置倾斜的防护栏增加力矩。

根据落石现场的山体状态，与防护墙联合使用(如图 7-20 所示)。

③ 落石防护墙

伴随着落石也会有砂土的脱落，用栏杆不能阻止以及由于落石的大小飞出栏杆撕破钢丝网时，或者在落石可能发生的后侧，设置缓冲带，时可以用落石防护墙。

④ 落石防护砌筑工程

落石防护砌筑工程是将钢材混凝土等材料覆盖到道路上方，防止落石直接落到路面损害道路的施工方法。

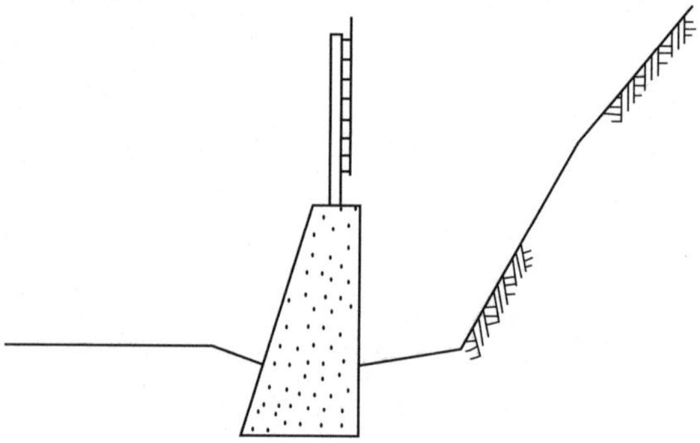

图 7-20 防止落石的例子

通常在道路一侧没有富裕，连续有易发生落石的陡坡斜面道路，发生大规模的落石用落石防护栏不能防止时；落下的高度大，用护栏等防护可能会飞出护栏外时，采用该种防护设施(如图 7-21 所示)。

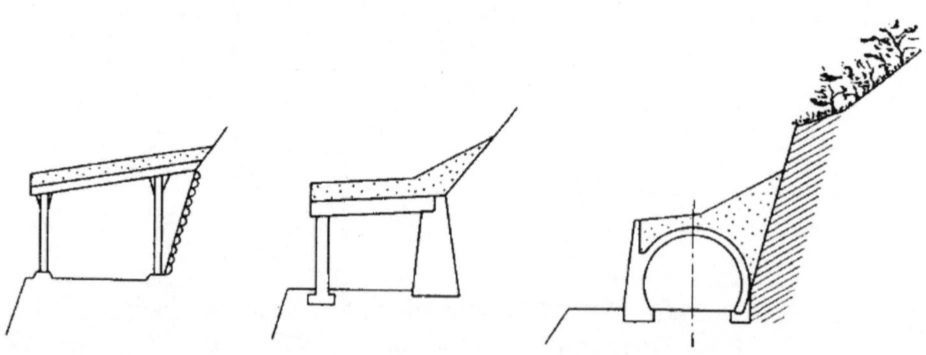

(a) 框架型　(b) 挡土型　(c) 隧道型

图 7-21 落石防护砌筑工程的例子

2. 护坡

(1)植物护坡

挖方的斜面或者填方的斜面上可设置植物护坡。

一般情况下，可以种植一些草进行护坡，但是在土质、湿度等特殊的地方，应根据条件选择合适的植被。

(2)构造物护坡

对于不适合生长植物的强酸性土壤斜面或者由于表面水以及涌出的水侵蚀比较严重的斜面，铺筑混凝土块(混凝土块或喷洒水泥砂浆)或铺筑石块保护斜坡。原则上，在预想发生不均匀沉降的地方，采用可动的石笼工程。

斜坡较长并且在涌水多的地方，用单独的木笼或者和其他斜坡防护工程组合进行护坡。以上各种工法在实施时，可以参考《道路路基斜坡工程以及斜坡稳定工程指南》和《落石对策便览》(日本道路协会)。

7.5.2　防波防砂设施

在沿海岸线设置道路时，为了防止波浪的侵害、冲刷，需要时，应根据地形和天气条件设置碎波块、防护墙。在沿海岸线设置道路时，为了防止飞砂的堆积，需要时，应设置防砂设施。

1. 防波浪设施

(1)发生破坏的原因

① 波浪越过防护墙冲刷背后的砂土；

② 波浪冲刷防护墙；

③ 防护墙内侧砂土被吸出削弱防护墙体。

(2)构造

基于以上破坏原因，应在构造上采取如下措施：

① 防护墙顶部与防护墙体成为一体；

② 防护墙的基础深埋，并进行加固桩基础和抛石等工程；

③ 避免干砌石块，应进行浆砌块石或混凝土；

④ 尽量在防护墙的背后设置能够集水的纵向集水管，从集水管到防护墙之间的排水孔数量不宜过多，同时排水孔的方向不能垂直波浪；

⑤ 防护墙的基础和前墙背面应设置大块石头，在退潮时能让海水毫无保留的流出构造物之外；

⑥ 在护墙的内侧应设置边沟，并且在护墙内设置排水孔，让路面的水完全排出。标准的断面如图 7 - 22 所示。

2. 防砂设施

沿海岸线设置的道路，从海上吹来的风会引起飞砂，堆积在道路上妨碍交通，因此在需要防止堆砂的地方设置防砂设施。并且从海上吹来的风非常强，通常会妨碍交通，因此在这些地方需要设置防风设施。

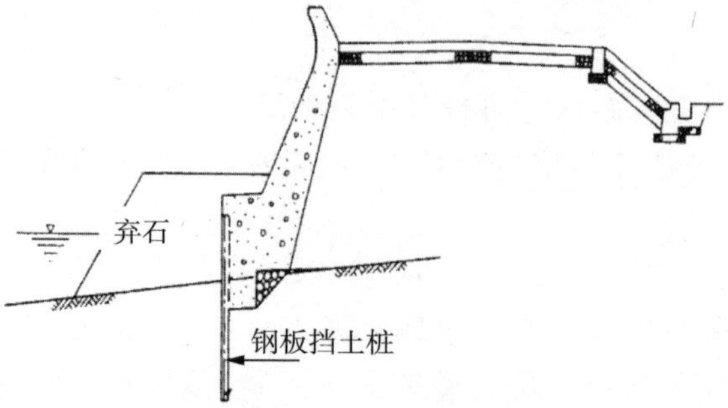

图 7-22　防波浪设施

防砂设施主要是用松树做成防护林，或是在考察砂丘状况的基础上，用竹子、木材、网做成 1m 左右的防砂栏杆。

在防风设施中，用茂密的常绿树做成一定宽度的带状防风林，或者根据需要用竹子、木材、网做成一定高度的防风栏杆。

7.6　综合管沟

在交通密度非常大的道路或者预计车辆会非常多的道路上，由于频繁的路面开挖，占用道路进行的施工可能会阻碍交通，且不能保护道路构造。为了尽量保证安全和顺畅的交通及景观，需要把电线埋置到地下。撤去地面上的电线以及电线柱等设施的道路中，根据需要应设置综合管沟等。

确定综合管沟断面的大小时，应充分考虑将来容纳管线的规划、养护管理需要的通道、照明和其他设施以及材料的搬运等作业空间。

确定电线共用沟槽的断面大小时，必须充分考虑将来容纳管线的规划。

在综合管沟中应设置照明、换气、排水等养护管理上需要的设施和安全对策上的必要设施。

综合管沟是为了容纳两个以上公共事业的管线，由道路管理者等设置在道路地下的设施。电线共用沟槽是为了容纳设置和管理 2 条以上的电线，由道路管理者等设置在道路地下的设施。

综合管沟和电线共用沟槽设置的目的是根据《关于共用沟槽设备特殊设置法》(1963 年法律第 39 号)和《关于电线共用沟槽设备特殊设置法》(1995 年法律 39 号)中的阐述。对于特殊道路，伴随路面的开挖，限制地下用地进行综合管沟的建设，应保证道路构造和道路交通顺畅。

设置综合管沟起到的作用如下：

(1)防止反复开挖路面埋设地下构造物，阻碍交通。能够在一定程度上解决交通堵塞，减少交通事故；

(2)防止频繁开挖路面损坏道路路面铺装,保持路面的耐久性;

(3)有效利用地下空间,增加地下埋设的容纳能力;

(4)改善地下埋设构造物的管理、增设和取代等,提高对地区的服务。同时,提高煤气、照明等设施的安全和防灾能力;

(5)把路面上占用道路的设施容纳到综合管沟,增加了视距,扩宽了人行道的有效宽度,改善了道路交通的安全性,同时也提高了城市的美观性。

在设计综合管沟时,首先必须确定沟槽的形状和尺寸。确定综合管沟尺寸时,必须考虑将来容纳管线的数量和其他设施的尺寸。在确定综合管沟的位置和形式时,必须考虑设置道路的形状、到路面的深度、与其他占用物之间的距离、连接支管的位置和构造形式等。设计综合管沟尺寸时还需要考虑养护管理通道、照明、排水所需的空间。通常管道的高度为 1.8m 以上,设置适当间隔的换气口、人员入口、材料的搬运入口等。这些出入口宜设置在分离带人行道等行车道的外侧。

宜根据需要,充分考虑照明、排水、换气设施以及防爆设施等安全措施。在综合管沟内设置的公共设施构造如果发生破坏、倒落、脱离、负载、火灾、漏电、漏水、漏气等时,不能妨碍综合管沟的构造和管理。

在综合管沟中,包括容纳服务于地方的光缆和管道等供给管道共用沟槽和容纳不是服务于地方的主光缆和主管道的干线共用沟槽。通常供给管道综合管沟设置在方便供给的人行道下面,干线管道综合管沟设置在行车道下面。图 7 - 23 是各种综合管沟的一个实例。

在规划综合管沟时可以参考《综合管沟设计指南》(日本道路协会),规划电线共用沟槽是灵活应用道路地下空间统一把电线、通信等容纳在一起的设施。主要组成包括:把电线容纳到管材形成管道部分、为电线分户而设置的连接部分、连接电线到地上设置附属设施的地上设施部分等(图 7 - 24)。

在规划电线共用沟槽时可以参考《电线共用沟槽》《电线共用沟槽管材试验实施手册》(保全道路技术中心)。

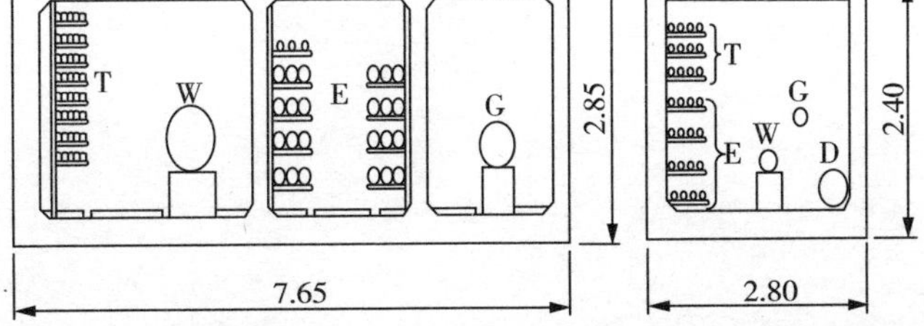

(a) 干线共同沟槽　　(b) 供上下管共用沟槽

T: 电信电话光缆　W: 上水道管

E: 电力光缆　D: 下水道管

G: 煤气管

图 7 - 23　共用沟槽的例子

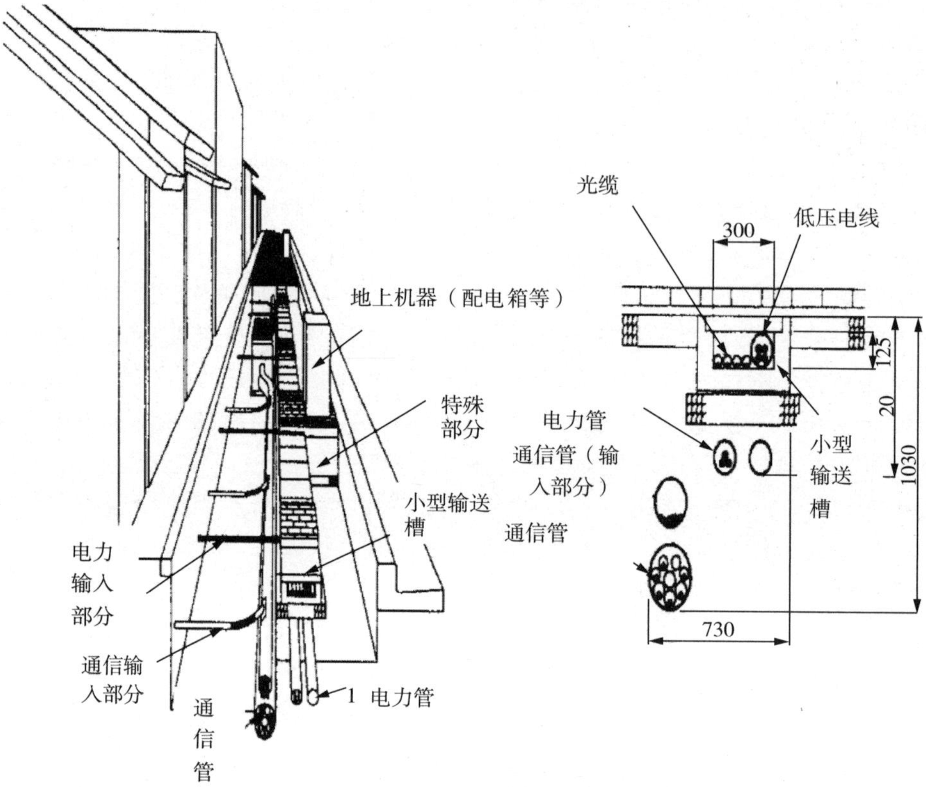

图 7-24 电线综合管沟的例子